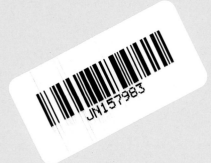

株トレード

カラ売りのルール

二階堂重人
SHIGETO NIKAIDOU

Subarusya

はじめに

トレーダーや投資家の多くが怖れていることといえば、以下の三つでしょう。

- **暴落**
- **急落**
- **継続的な下落**

いずれも、株価の下降（下落）の流れです。

株を持っている人は、株価の下落により、損をしたり、利益が減ったりするので、怖れています。また、株を持っていない人も、株価の下落により、儲けにくくなるので、怖れているわけです。

では、相場で生計を立てている著者も怖れているのでしょうか。

そんなことはありません。むしろ、「暴落」「急落」「継続的な下落」は歓迎です。トレードの戦略を変えれば、儲けやすいからです。

トレードの戦略を変える……カラ売り中心のトレードに切り替えるだけです。

カラ売りはしたほうがいいのでしょうか？

このような質問を受けたことがあります。

「絶対というわけではないのですが、したほうがいいでしょう」と答えた記憶があります。株トレードや株式投資で継続的に儲けたいのであれば、カラ売りもしたほうがいいでしょう。カラ売りができるようになれば、下降の流れのときでも比較的、簡単に儲けることができます。

多くのトレーダーや投資家が、株価の下落を怖れています。

しかし、カラ売りで儲けるスキルを身に付けてしまえば、もう怖れることはないわけです。

むしろ、「暴落」「急落」「継続的な下落」は歓迎。「暴落」や「急落」は短期で大きく儲けられるチャンスであり、「継続的な下落」は一財産を築けるチャンスだからです。

他のトレーダーや投資家が青ざめている中、資産を殖やすことができます。

本書は、カラ売りのトレード手法を紹介する本です。「読めば、明日からあなたもプロのトレーダー（になれます）」というわけではありませんが、少なくともカラ売りのスキルは上がるはずです。

このまま、株価の下落を怖れ続けますか。それとも、カラ売りで儲けるスキルを身に付けて、株価の下落を歓迎できるようなトレーダーや投資家になりますか。

答えはもう決まっていることでしょう。

2章 知っておきたいカラ売りの基礎知識

3章 下方へのギャップによるカラ売り手法

4章 日経平均株価の下落期間に限定したカラ売り手法

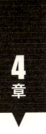

5章 デイトレードのカラ売り手法

8章 カラ売りのロスカットと利食い

9章 トレードを上達させる方法

※本書は、著者の売買体験に基づいた投資テクニックを解説したものです。
個人の投資結果を保証するものではありません。

1章

カラ売りができれば株トレードで儲けられる確率が上がる

1 投資家・トレーダーのほとんどは「買い」しかしない

「株の売買をする」というと、ほとんどの人は、「先に株を買い、後から売る」という「買い」しかしません。上昇相場でも、下降相場（下落相場）でも関係なく、「先に株を買い、後から売る」という売買をします。株の売買といえば、買うのが当たり前、と思っている人も少なくありません。

（先に）買うということは、買った後に値上がりすると利益が出ます。

相場が上昇傾向のときは、これでいいでしょう。トレードの上手い下手に関わらず、利益を得やすくなります。

上昇傾向が続くかぎり、利益は増えていきます。

たとえ、高値で買ってしまい、含み損が出たとしても、売らずに持ち続けていれば、いずれは高値を更新して含み損が含み益になることでしょう。

「どんな銘柄でも買えば儲かる」「どこで買っても儲かる」というわけではありませんが、銘柄やタイミングを勘で決めても、相場の上昇傾向が続くなら、儲かる確率は高いでしょう。

目立つ成功者の多くも買いしかしていない

「銘柄やタイミングに関係なく利益が出やすい」ということは、言い換えれば「簡単に利益が出る」ということになります。

そのため、相場が上昇傾向のときは、株トレードや株式投資の初心者でも儲かる確率が高いわけです。

それを象徴するかのように、相場が上昇傾向のときは、

「株トレードで1億円儲けた」

「主婦の私でも数千万円儲けた」

といった本がたくさん出たりします。

また、儲かっているトレーダーや投資家がテレビ番組で取り挙げられたりします。

本を出したり、テレビ番組に取り挙げられたりした方のほとんどは、買いしかしていないようです。

- 買った株の上昇率が高かった
- 複数の銘柄の上昇しているときだけを買い、資金を回転させた

大きな上昇の流れにうまく乗れたため、大きく儲けることができたと考えられます。

2 下落傾向のときに買いだけで儲けるのは難しい

相場が上昇傾向のときは、株を買えば儲けられる確率が高いといえます。しかし、株式相場は上がるときだけではありません。下がるときもあります。上昇傾向のときもあれば、下落傾向（下降傾向）のときもあるわけです。

下落傾向のときに買いだけで取引するとどうなるのでしょうか。

株を買っても値下がりする確率が高いので、含み損が出てしまいます。買った株を持ち続けると大きな損失が出てしまうこともあります。

下落傾向のときに株を買うということは、（下落という）大きな流れに逆らうことです。儲けるのは大変です。

儲けていたトレーダーや投資家なら買いで儲けられるのか

上昇傾向のときに儲けていたトレーダーや投資家はどうなるでしょうか。

下落傾向でもしっかり儲け、資金をさらに殖やしていけるのでしょうか。

本を出したり、テレビ番組で取り挙げられるくらいですから、上手く立ち回れるような気がします。

おそらく、ほとんどの人は儲けられないはず。いや、それどころか、上昇傾向のときの儲け分を吐き出してしまうでしょう。資金を大きく減らしてしまいます。

上昇傾向のときにデイトレードで数億円も儲けたが、その後、下落傾向に転じたらまったく儲けられなくなり、儲けた数億円を失ってしまったという人もいます。

このデイトレーダーだけでなく、上昇傾向のときに儲けていたトレーダーや投資家の多くは、同じようなことになるようです。

なぜ、上昇傾向のときは大きく儲けられたのに、下落傾向のときは儲けられないのか。

その理由はいくつかあると思いますが、決定的なのは「買いしかやらない」からです。

下落傾向のときは、値上がりする確率よりも、値下がりする確率のほうが高くなります。

そのようなとき、買いは不利。損をする確率が高いといえます。言い方は悪いかもしれませんが、サラリーマンや主婦が簡単に儲けられる相場ではないのです。流れに逆らう取引では、それなりにスキルがないと儲けられません。

3 下落傾向のときはどのような取引が有利なのか？

では、下落傾向のときはどうすればよいのでしょうか。

「買わない」「見送る」という選択肢もあります。

「損をする確率が高いのなら買わない」と決めて、下落傾向のときはトレードをしない人も多くいるようです。下落局面ではずっと資金を使わないで休ませておく。上昇局面になるまで待つわけです。

これは賢い選択（または判断）のように思えます。

しかし、資金効率を考えると、けっして賢い選択とはいえません。

上昇局面になるのはいつなのかわかりません。それまでずっと資金を休ませておくことになります。休ませた分、資金効率が悪くなるわけです。

せっかくある資金ですから、フル活用、フル回転させて、どんどん増やしていったほうがいいと思いませんか。

下落傾向のときはカラ売りが有利

下落傾向のときはどうすればよいのかについては、本書を手に取っている方なら、すでにわかっていると思います。

カラ売りをすればいいのです。

下落傾向のときに買うということは、大きな流れに逆らうということ。その逆の「売り（カラ売り）」なら、大きな流れに乗ることになります。

ここで、カラ売りについて簡単に説明しておきましょう。

カラ売りとは、信用取引の「新規売り建て」のこと。「先に売って、後から買う（買い戻す）」という取引のことです。売った後に、株価が値下がりすると利益が出ます。

たとえば、株価500円の銘柄をカラ売りしたとします。その後、株価が400円に値下がりしたところで買い戻します。100円値下がりしたわけです。この差額の100円分が利益になります。

信用取引やカラ売りについては、第2章で詳しく説明します。ここでは、「カラ売りは値下がりすると利益が出る取引」とだけ覚えておいてください。

値下がりすると利益が出るわけですから、下落傾向のときは有利になります。

4 カラ売りで儲けるスキルを身に付ける

カラ売りができるようになれば、どのような相場でも有利なトレードが可能になります。

上昇傾向のときは買いのほうが有利なので、今まで通りに（または多くのトレーダーや投資家が儲けたように）買いだけでトレードをすればいいでしょう。

そして、下落傾向のときはカラ売りのほうが有利なので、カラ売り中心でトレードをすればいいでしょう。

どちらのときも大きな流れに乗るわけですから、儲けるのはそれほど難しいことではありません。上手く立ち回れば、大きく儲けることができます。

買いをカラ売りにすれば儲けられるのか

「今まで買いで損をした。これからはカラ売りで儲けよう」

ここまで読んで、そう思った方も多いことでしょう。

「買いで損をした」ということは、買った株が値下がりしてしまったということ。「値下がりしてしまった」ということは、カラ売りなら利益が出たということです。

たとえば、ある銘柄を買って、20万円の損失が出たとします。もし、買いではなくカラ売りをしていたのなら、20万円の利益が出たことになります（説明をわかりやすくするため、売買手数料や税金は考慮しない）。

株トレードは、買うか売るかの選択しかないわけです。買いで駄目だったのなら、その逆の売りならよかったわけです。

こう考えると、なんだかカラ売りで簡単に儲けられそうな気がしてきます。とくに、買いで大きく損をした人ほど、カラ売りで簡単に儲けられそうな気がするはずです。

では、実際に、トレードを買いからカラ売りに替えただけで簡単に儲けられるのでしょうか。

答えは、ノーです。

なぜなら、同じような過ちを犯すからです。

株を買って損失が出たのは、「買い」が原因だったのでしょうか。

カラ売りをしていたら利益が出た、という考え方をすると、「買い」が間違っていた、これが原因のように思えます。

しかし、そうではなく、原因はほかにあります。

●大きな流れを見極められなかった

●リスクをコントロールしなかった

カラ売りに替えれば儲けられるというわけではありません。下落傾向のときに有利な取引ができる、というだけ。やはり、その時々の流れを見極めたり、リスク（損失）をコントロールしていくことが大切です。これができなければ、カラ売りでも同じ。また損をしてしまうでしょう。

そうならないためにも、本書でしっかりとカラ売りで儲けるスキルを身に付けましょう。

2章

知っておきたい カラ売りの基礎知識

1 信用取引とは？

この章では、「カラ売りの基礎知識」について説明していきます。

まずは、カラ売り自体を説明しましょう。カラ売りとは、「信用取引の新規売り建て」のことです。

株の取引は、大きく分けると二つあります。一つは現物取引で、もう一つは信用取引です。

現物取引とは、証券口座にあるお金で株を売買すること。証券口座に入っている金額分しか買えません。たとえば、口座に１００万円あったとしたら、１００万円分の株しか買えないわけです。また、現物取引では、「先に買って、後で売る」という取引しかできません。

これに対して信用取引とは、証券口座にあるお金を担保にし、株を売買することです。証券口座に入っている金額の約3倍まで株を売買できます。たとえば、口座に１００万円あったとしたら、３００万円分の株まで買えるわけです。また、信用取引では、「先に買って、後で売る」という取引のほか、「先に売って、後で買う（買い戻す）」という取引ができます。

この、「先に売って、後で買う」という取引が、「信用取引の新規売り建て」のこと。つまり、カラ売りのことです。

制度信用取引と一般信用取引を比較

	制度信用取引	一般信用取引
取引可能銘柄	証券取引所によって決まっている	個々の証券会社によってことなる
返済期限	6カ月以内	個々の証券会社によってことなる
貸株料	証券取引所によって決まっている	個々の証券会社によってことなる
逆日歩	証券取引所によって決まる	基本的にはつかない

例 松井証券

無期限信用取引（一般信用取引）
売建可能な銘柄数：865
返済期限：原則としてなし
貸株料：2.1パーセント（年利）
※2017年8月末現在

POINT 制度信用取引と一般信用取引の違いを理解する

制度信用取引と一般信用取引の違い

現在、信用取引は2種類あります。「制度信用取引」と「一般信用取引」です。

制度信用取引……証券取引所の「制度信用銘柄選定基準を満たした銘柄」を対象にした信用取引

一般信用取引……個々の証券会社が独自に行っている信用取引

制度信用取引は従来からある信用取引です。返済期限は6カ月以内と決められています。金利は証券取引所ごとに決まっています。取引できる銘柄も証券取引所によって決まっているので、どの証券会社を通しても、取引できる銘柄は同じです。

一般信用取引は、個々の証券会社が独自に行っている信用取引なので、返済期限も金利も証券会社によってことなります。取引できる銘柄も証券会社によってことなります（一般信用取引を行っているのは証券会社の一部です）。

ちなみに、著者は一般信用取引を利用していません。利用しているのは制度信用取引だけです。とくに理由はありません。なんとなくです。著者の使っている手法では制度信用取引だけで十分です。

信用取引の始め方

では、信用取引はどのようにすれば始められるのでしょうか。

証券口座を開設した場合、それは一般口座であり、「現物取引の口座」です。とうぜん、現物取引しかできません。信用取引はできないわけです。

信用取引を始めるには、信用口座を開設する必要があります。一般口座を開設した後、信用口座開設の申請をしましょう。

審査に通れば、信用口座が開設されます。審査といっても、それほど厳しいわけではないようです。私の周りで「信用取引口座開設の審査に通らなかった」という人はいません。

信用口座を開設した後は、指定された口座に現金を入金し、残高として反映されれば、信用取引を開始できます。

2 代用証券でも取引ができる

信用取引の保証金は、現金でなくてもかまいません。

持っている株式を保証金にすることもできます。これを「代用有価証券」といいます。

上場株式なら担保にすることが可能ですが、代用有価証券は証拠金としての評価が証券会社によって異なります。いわゆる、「掛け目」があるわけです。

たとえば、１００万円分の株を持っていたとします。これを代用有価証券として差し入れた場合、評価は１００万円にはなりません。これよりも少なくなります。掛け目が８割（80パーセント）なら、評価額は80万円になります。

掛け目は証券会社ごとに異なります。また、上場されている市場によっても異なります。東証１部上場銘柄の場合、ほとんどの証券会社では掛け目が８割に設定されています。掛け目については、取引している証券会社で確認してください。

また、株式だけでなく、債権や投資信託を代用有価証券にできる証券会社もあります。しかし、それはごく一部の証券会社だけで、ほとんどの証券会社は株式だけです。これも、取引している証券会社で確認してください。

掛け目の変動に注意

代用有価証券はうまく活用すれば、資金効率を上げることができるのですが、注意しなければならないことがあります。それは、掛け目です。

先にも述べた通り、掛け目は各証券会社によってことなります。各証券会社が独自に決めているわけです。そのため、変動することがあります。証券会社が8割といえば8割ですが、0といえば0になってしまうのです。

かつて、マネックス証券がライブドア株（上場廃止）およびその関連会社株の掛け目を0にしたことがありました。２００６年1月17日の後場に突然、発表したため、関連株を代用証券にしていた人はもちろん、そのほかの投資家もパニックになりました。市場全体が混乱したといえます。

このようなこともあるわけです。

掛け目が下がれば、その分、証拠金を差し入れなければならないことがあります。こういったリスクがあることも頭に入れておきましょう。

3 委託保証金率の算出方法

ここで、委託保証金率の算出方法について説明しましょう。委託保証金率とは、約定代金総額（または建て玉の総額）に対して必要な委託保証金の比率のこと。委託保証金率の計算式は以下の通りです。

委託保証金率％＝（保証金－建て玉の損失）÷建て玉の合計（建て玉価格）×１００

たとえば、保証金として１００万円を証券会社に預けたとします。そして、信用取引で２００万円分の建て玉をしたとしましょう。

この場合、まだ建て玉の損失はないので、委託保証金率は以下の通りです。

１００万円÷２００万円×１００＝50％

次に、同じ保証金、同じ建て玉で、建て玉の損失が20万円ほど出ていたとします。この場合、委託保証金率は以下の通りです。

（１００万円－20万円）÷２００万円×１００＝40％

委託保証金率は40パーセントです。計算式さえわかれば、簡単に計算できます。あえて、計算式を覚える必要はありませんが、式を見て計算できるようにしておきましょう。

委託保証金率の算出

委託保証金率％

＝

（保証金－建て玉の損失）÷ 建て玉の合計（建て玉価格）×100

Example 1

保証金…100万円
建て玉…200万円分
損益……なし

100万円÷200万円×100＝50％
委託保証金率は50％

Example 2

保証金…100万円
建て玉…200万円分
損益……－20万円

（100万円－20万円）÷200万円×100＝40％
委託保証金率は40％

POINT **計算式を覚える必要はないが、式を見て計算できるようにしておく**

4 追証とは？

信用取引で買い建てや売り建てをした場合、必ずしも思惑通りに株価が動くとはかぎりません。買ったが値下がりしてしまった、カラ売りしたが値上がりしてしまった、ということはよくあります。

当然、含み損が発生します。多少の含み損が出てもある程度の保証金率を維持していれば、問題ありません。そのまま取引を継続できます。

しかし、さらに含み損が拡大すると、保証金率が大きく低下してしまいます。そして、保証金率が20～25パーセントを割り込んでしまうと、「追証」が発生してしまいます。

追証とは、追加保証金のこと。保証金率が最低維持率を下回った場合、定められた期限までに保証金を追加しなければなりません。この追加保証金が追証ということです。

最低維持率は証券会社によってことなります。いくつか例を挙げておきましょう（※２０１７年７月23日現在の情報です）。

岡三オンライン証券……最低保証金維持率20パーセント
松井証券……最低保証金維持率20パーセント

マネックス証券……最低保証金維持率25パーセント
楽天証券……最低保証金維持率20パーセント

かつて、ほとんどの証券会社では最低保証金維持率が25パーセントに設定されていました。しかし、現在では最低保証金維持率が20パーセントに設定されている証券会社もけっこうあるようです。

追証を差し入れる期限はいつなのか？

追証が発生すると、定められた期限までに保証金を追加しなければなりません。証券会社の口座に入金しなければならないわけです。

では、その期限はいつなのでしょうか。

「追証発生日の翌々営業日12時まで」

かつては、多くの証券会社がこの期日でした。

現在では、各証券会社によって異なります。また、証券会社によっては、維持率によって期限がことなるようです。

いくつか例を挙げておきましょう（※２０１７年7月23日現在の情報です）。

岡三オンライン証券……追証発生日の翌々営業日15時まで

松井証券……維持率が10パーセント以上20パーセント未満の場合は追証発生日の翌々営業日11時30分まで、維持率が10パーセント未満の場合は追証発生日の翌営業日11時30分まで

マネックス証券……維持率が25パーセントを下回った場合は追証発生日の翌々営業日まで、維持率が20パーセントを下回った場合・保証金額が30万円を下回った場合は追証発生日の翌営業日まで

楽天証券……追証発生日の翌々営業日15時30分まで

このように、期限はマチマチなので、取引している証券会社で確認しましょう。

追証を差し入れないとどうなるのか？

ネット証券の場合、追証の連絡はメールでくるようです。口座の管理画面に送られてくると思います。

追証を差し入れないとどうなるのでしょうか。

これは「強制決済」になるようです。

買い建てをしている株は強制的に売られてしまい、売り建てをしている株は強制的に買い戻されてしまいます。

「もう少しだけ待ってほしい」「その買い建てだけは決済しないでほしい」などといっても無駄。すべて強制決済されてしまいます。

「強制決済される」と聞いて、慌てて追証を差し入れる人も多いようですが、差し入れたほうがよいのか、悪いのかはなんともいえません。

追証が発生したら自分のトレードを見直す

「カラ売りした銘柄に好材料が出て急騰してしまった」「買った銘柄に悪材料が出て急落してしまった」というように、突発的な材料で大きな含み損が出て追証が発生してしまうこともあるでしょう。こういった「運が悪い」というケースもありえます。

しかし、突発的な材料が出ていないのに追証が発生するということは、トレードがよくなかったということです。とくに、リスクのコントロールができていなかった可能性が高いと思います。

追証が発生したら、「自分のトレードのどこが悪かったのか」を考え（見直し）、改善してからトレードを再開しましょう。そうしないと、また、追証が発生してしまう可能性があります。

5 ▼ カラ売りとは？

次は、カラ売りについて説明します。カラ売りとは、信用取引の「（新規）売り建て」のこと。よく、「ないもの（持っていないもの）をどのようにして売るのか」ということを聞かれました。たしかに、株を持っていないわけですから、売ることができません。

では、株を借りてくれれば、どうでしょうか。実際には、「信用口座のお金を担保に株を借り、それを（先に）売って、（後から）買い戻す」ということになります。

カラ売りの損益は買いの逆です。買いでは、現物や信用取引に関わらず、値上がりすると利益が出て、値下がりすると損失が出ます。たとえば、５００円の株を買った場合、５０１円以上になれば利益が出て、４９９円以下になれば損失が出るわけです。

カラ売りでは、値下がりすると利益が出て、値上がりすると損失が出ます。たとえば、５００円の株をカラ売りした場合、４９９円以下になれば利益が出て、５０１円以上になれば損失が出るわけです。

カラ売りは、買いの逆、値下がりすると利益が出て、値上がりすると損失が出る、と覚えておきましょう。

カラ売りとはどのような取引なのか？

カラ売りとは？

信用取引の「(新規)売り建て」のこと。「先に売って、後で買う(買い戻す)」という取引

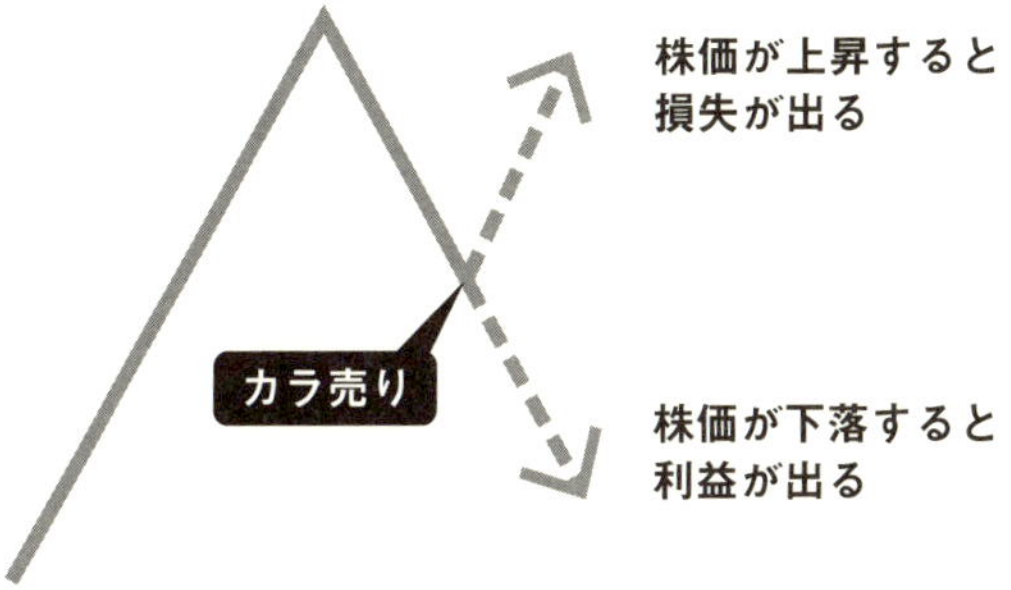

カラ売りした後に株価が上昇……損失が出る
カラ売りした後に株価が下落……利益が出る

POINT

カラ売りは、「先に売って、後で買う（買い戻す）」「値下がりすると利益が出て、値上がりすると損失が出る」と覚えておく

6 1回のトレードにおける最大損失額

次は、カラ売りした場合の「１回のトレードにおける最大損失額」について考えてみましょう。

買いの場合、１回のトレードにおける最大損失額はかぎられています。

たとえば、株価１００円の銘柄を買ったとします。１０００株でも１万株でもいいのですが、株を買った後、この銘柄に悪材料が出たとします。株価は１００円から１円になってしまいました。

このトレードで損をしたとしても、それは最大で99円分です。１０００株買っていれば９万９０００円、１万株買っていれば99万円です。

どんなに損をしても、株価よりも大きな損失が出ることはありません。１０１円分や２００円分といった損失が出ることはないわけです。

では、次にカラ売りした場合の「１回のトレードにおける最大損失額」について考えてみましょう。

たとえば、株価１００円の銘柄をカラ売りしたとします。１０００株でも１万株でもか

1回のトレードにおける最大損失額を比較

買いの場合

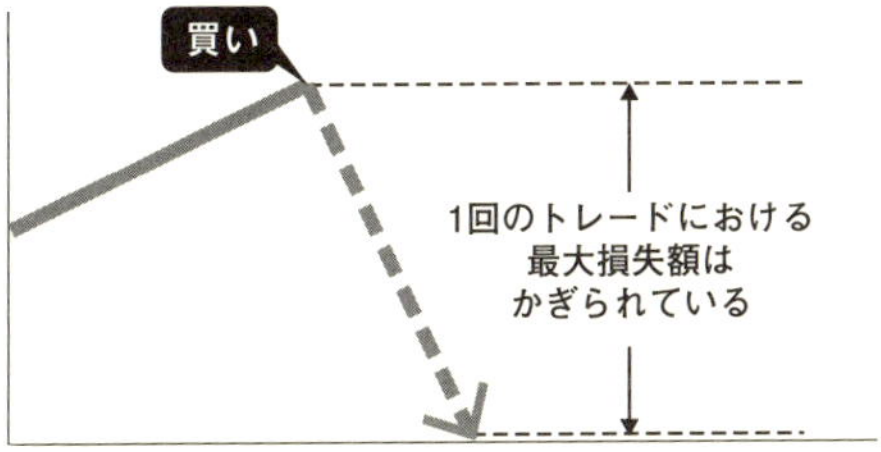

カラ売りの場合

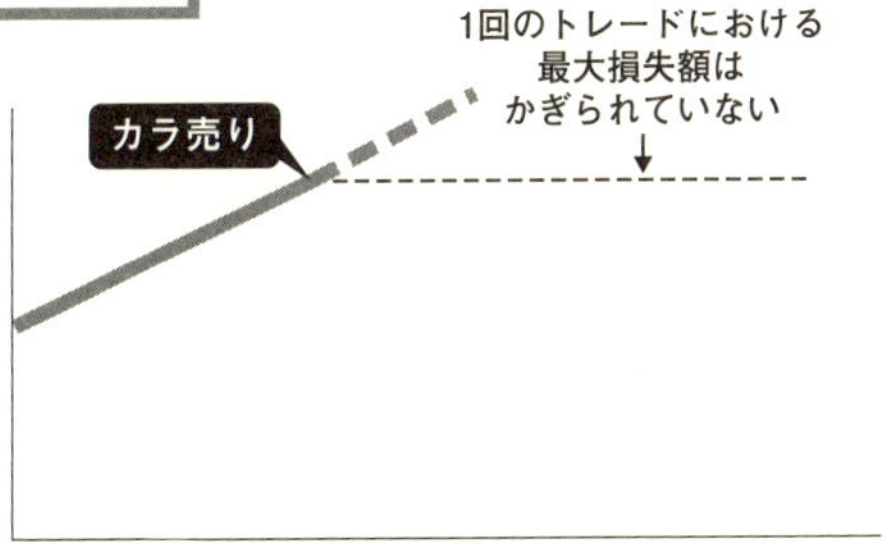

POINT

買いの場合…………1回のトレードにおける最大損失額はかぎられている
カラ売りの場合……1回のトレードにおける最大損失額はかぎられていない

まいません。

株をカラ売りした後、この銘柄になんらかの好材料が出たとします。株価はどんどん値上がりしていきます。

このトレードにおける最大損失額はいくらになるでしょうか。

答えは「無限」。最大損失額はかぎられていないわけです。

株価が２００円まで値上がりした場合、カラ売りの株数が１万株なら１００万円の損失。

株価が５００円まで値上がりした場合、４００万円の損失になってしまいます。

株価が５００円で止まるとはかぎりません。株価が１０００円を突破する可能性もあるわけです。

勿論、どこかで上げ止まることでしょう。しかし、理論上では「無限」ということになります。

株価が大きく上昇すれば、保証金率が低下して追証が発生します。保証金を追加してトレードを続ければ、損失額は「無限」ということになるわけです。

１回のトレードにおける最大損失額について、買いの場合とカラ売りの場合を比較し、整理しておきましょう。

買いの場合……１回のトレードにおける最大損失額はかぎられている

カラ売りの場合……1回のトレードにおける最大損失額はかぎられてない

カラ売りは怖い？

「1回のトレードにおける最大損失額がかぎられていないなんて、リスクが大き過ぎる」
「カラ売りは怖い」

そう思った方もいることでしょう。

たしかに、最大損失額が無限と知って、怖いと思うのは当然のことです。怖いと思うことは、とても大事なことです。これについては、後でもう一度、触れることにします。

しかし、必要以上に怖れることはありません。

なぜなら、ほとんどの場合、カラ売りのリスクはコントロールできるからです。カラ売りでリスクをコントロールできなくなるのは、ストップ高や買い気配が値上がりしていくときだけです。それらは一時的。あとは、リスクをコントロールできるので、大丈夫です。

リスクのコントロールについてはとても大切なことなので、後で詳しく説明します。

7 カラ売りでは「貸借銘柄」だけを扱う

カラ売りはどの銘柄でもできるわけではありません。カラ売りができるのは原則として、「貸借銘柄」だけです。

銘柄は大きく3種類に分かれています。

現物銘柄……現物の取引だけ。信用取引はできません

信用銘柄……現物取引も信用取引もできますが、信用取引は買いだけ。カラ売りはできません

貸借銘柄……現物取引も信用取引もできます。信用取引は、買いもカラ売りもできます

東証１部銘柄の多くは貸借銘柄です。たとえば、ソフトバンクグループ（東証１部９９８４）やトヨタ自動車（東証１部７２０３）は貸借銘柄です。一方、新興市場銘柄の多くは信用銘柄で、貸借銘柄はごく一部だけです。たとえば、ミクシィ（東証マザーズ２１２１）や日本マクドナルドホールディングス（東証ジャスダック２７０２）が貸借銘柄です。

このように、銘柄の種類によってはカラ売りができないので、注文を出す前に貸借銘柄かどうかを確認しましょう。

カラ売りができる銘柄か？

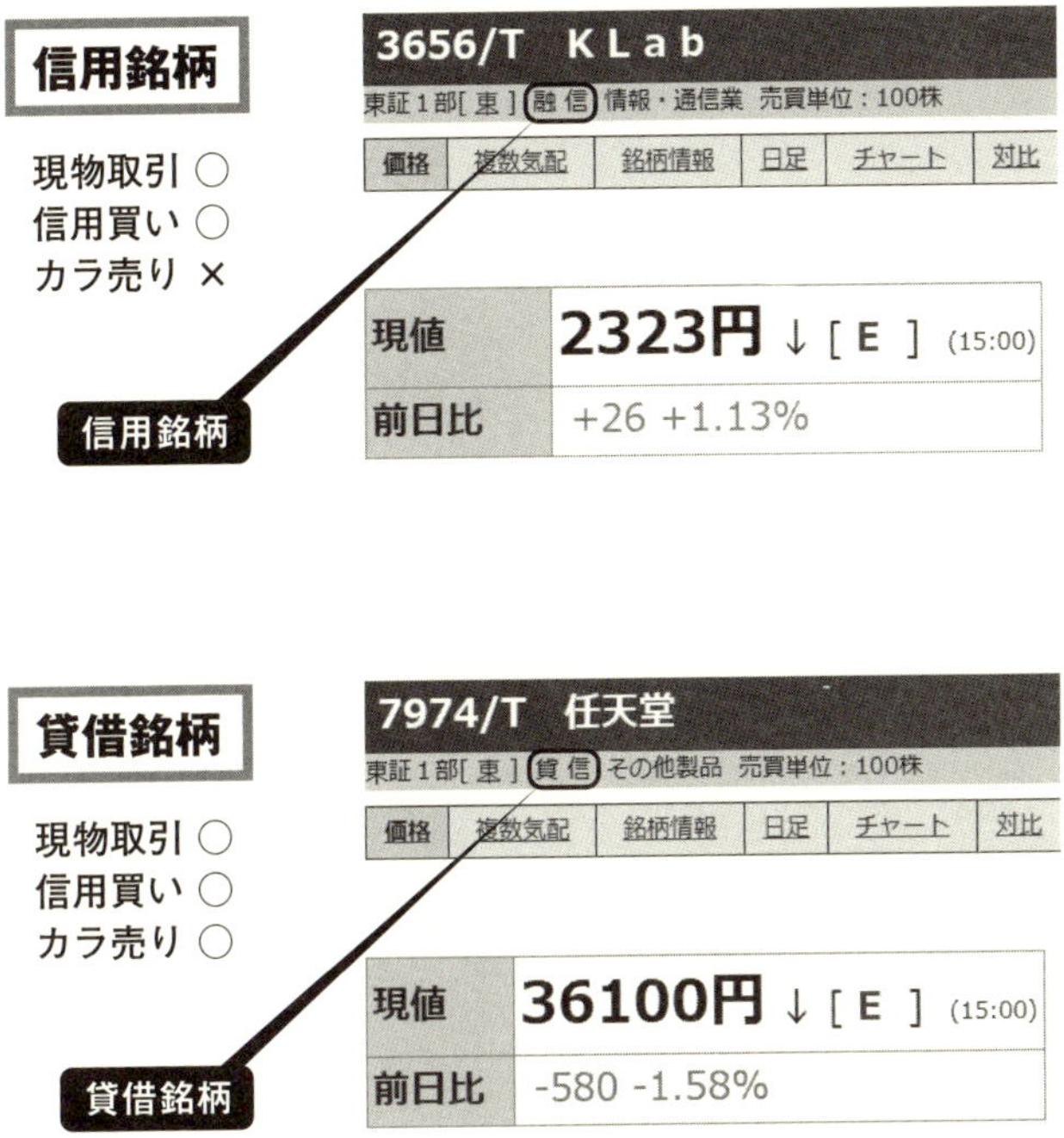

POINT カラ売りができるのは原則として貸借銘柄だけ

8 銘柄の種類を調べる方法

では、銘柄の種類はどのようにして調べればよいのでしょうか。
調べ方はいくつかあります。主な調べ方は以下の二つです。

●ネット証券の銘柄情報の欄

●会社四季報

口座を開設しているネット証券に、「銘柄情報」や「株価情報」などのサービスがあるはずです。たとえば、松井証券であれば、「ＱＵＩＣＫ情報」があります。このサービスの個別銘柄ページに、銘柄の種類が記載されています。次ページの例でいえば、「貸」と「信」と記載されています。信用銘柄であり、かつ貸借銘柄でもあるということがわかります。

もう一つの調べ方は会社四季報を使ったものです。会社四季報の個別銘柄の欄に、貸借銘柄であれば「貸借」と記載されています。現物銘柄や信用銘柄ではなにも記載されていません。

ネット証券の銘柄情報の欄で調べるのが手っ取り早いし、コストもかからないので、おすすめです。

ネット証券の銘柄情報欄で銘柄の種類を調べる

松井証券の「QUICK情報」を使う場合

個別銘柄のページを開く

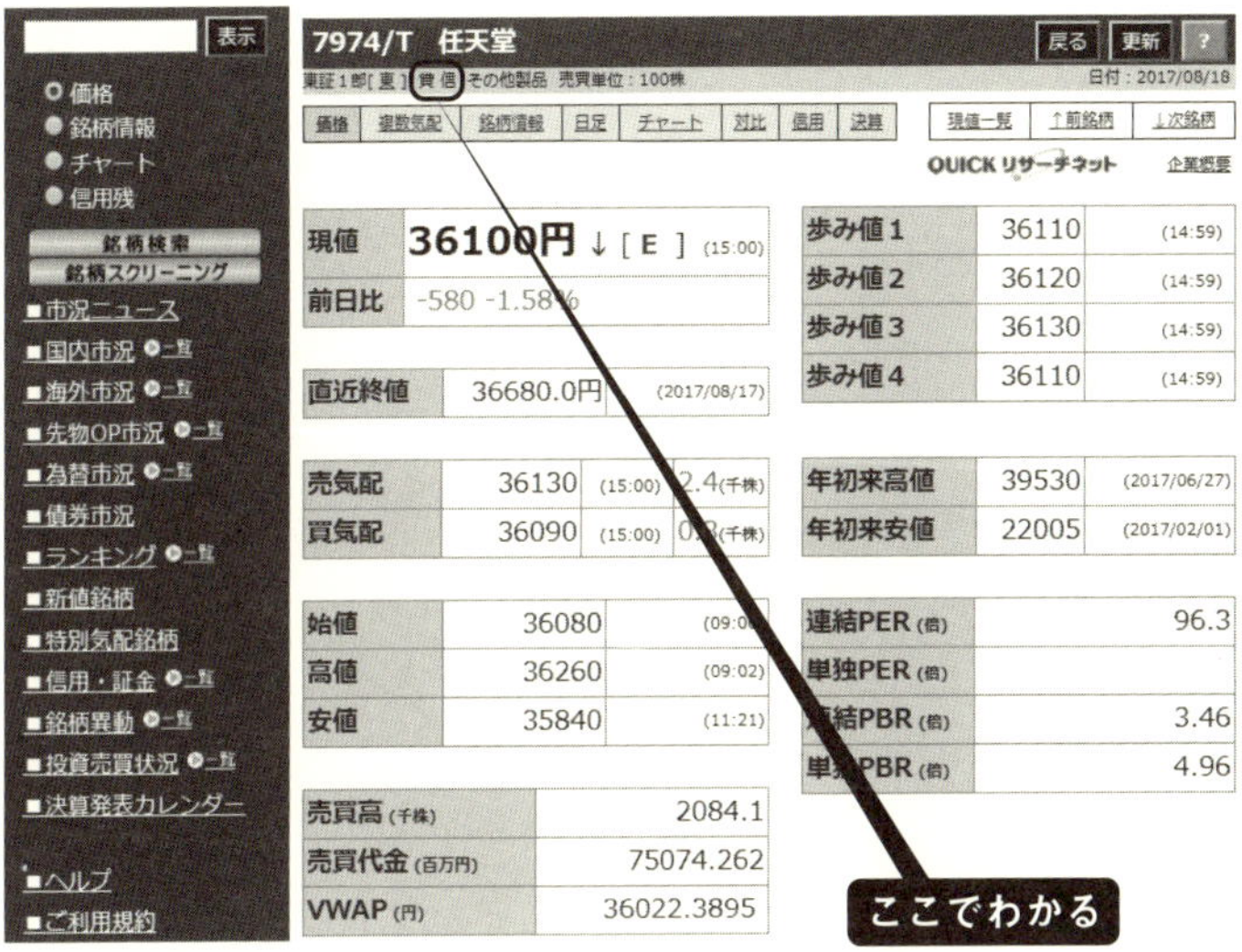

POINT **銘柄の種類はネット証券の銘柄情報の欄で調べる**

9 出来高の少ない銘柄はカラ売りに適さない

貸借銘柄であれば、どんな銘柄でもカラ売りのトレード対象になるというわけではありません。カラ売りに適さない銘柄もあります。

いくつか紹介していきます。

●出来高が少ない銘柄

出来高が少ない銘柄はカラ売りに適していません。

なぜなら、値動きが軽いからです。買いが集まると急騰しやすいからです。

目安は以下の通り。

●1日の出来高が50万株以上

できれば、１日の出来高が１００万株以上の銘柄がよいのですが、値動きがよくて１００万株以上の出来高になる銘柄はかぎられてしまうので、50万株以上でよいでしょう。

ただ、一つ問題があります。それは、「１日の出来高は、１日の取引が終了しないとわからない」ということです。そのため、デイトレードでは、判断できないことがあります。

たとえば、寄り付き直後に値動きのよい銘柄があり、デイトレードでカラ売りをしようと思います。その時点での出来高は４万株。この銘柄の１日の出来高が50万株以上になるかどうかはわかりません。寄り付き直後で４万株なら１日で50万株以上になりそうですが、通常、寄り付き直後は１日のうちで最も出来高が多いので、なんともいえません。

このように、取引時間中では１日の出来高がどのくらいになるのかわからないのです。もちろん、経験を積めば、50万株以上になるかどうかはわかるようになります。

出来高が少ない銘柄は日中足の動きが読みにくい

デイトレードの場合、主に５分足を見ながらトレードをしているのですが、出来高が少ない銘柄には以下のような特徴があります。

- **上下振れが大きい**
- **読みにくい動きをする**

上振れや下振れが多く、その振れが突然現れるので、動きが読みにくいのです。

例を挙げたほうがわかりやすいでしょう。

49ページのチャートは、インテージホールディングス（東証１部４３２６）の５分足です。この日の出来高は13万１８００株。50万株にはほど遠い株数です。

前場で３回ほど「急落しては戻る」といった動きをしています（Ａ～Ｃのところ）。Ｂ

とCでは、急落したローソク足の終値と次のローソク足の始値が大きく離れています。チャートを見慣れた人は違和感を感じることでしょう。かなり不自然な動きであり、読みにくい動きです。

このように、出来高が少ない銘柄は振れが大きかったり、捉えようのない動きをすることがあるので、避けたほうが無難です。

出来高の少ない銘柄はカラ売りに適さないのですが、絶対にカラ売りをしてはいけない、というわけではありません。

「できれば、カラ売りをしないほうがいい」ということです。

リスクを取れるのであれば、カラ売りをしてかまわないでしょう。

急騰しやすいということは、急落しやすいということでもあります。そこそこまとまった売り注文が出れば急落します。

短期間で大きな利益を得られるチャンスがあります。

出来高が少ない銘柄の予測不能な値動きの例

インテージホールディングス（東証1部4326） 5分足

10 板が薄い銘柄はカラ売りに適していない

出来高が少ない銘柄は、板が薄くなっています。

板とは、株価ボードのこと。取引所に出ている注文が表示されているボードのことです。

次ページのように、買い注文と売り注文が表示されます。

ここで、板の見方を簡単に説明しておきましょう。

左側……売り注文の株数
中央……株価
右側……買い注文の株数

次ページの例では、「３００円に１万４０００株の買い注文、３０１円に１万７０００株の売り注文」が出ています。

このように、板を見ることで、取引所に出ている注文数がわかるわけです。

板の厚さに注意する

板を見て、注意するべきことはいくつかあるのですが、カラ売りにおいては「板の厚さ」

板とは？

売数量	値段	買数量
95000	310	
28000	309	
32000	308	
47000	307	
47000	306	
91000	305	
33000	304	
65000	303	
43000	302	
17000	301	
	300	14000
	299	55000
	298	41000
	297	69000
	296	66000
	295	98000
	294	48000
	293	39000
	292	72000
	291	71000

売り注文数

買い注文数

POINT

板とは株価ボードのこと。取引所に出ている注文が表示されているボードのこと

に注意しましょう。板には、「厚い」「薄い」というのがあります。

板に出ている注文が多い状態を「板が厚い」といい、板に出ている注文が少ない状態を「板が薄い」といいます。

次ページの板を見て、上段と下段を比べてください。上段の板は注文が多いです。板が厚いといえます。

逆に、下段の板は注文が少ないです。板が薄いといえます。

厚いか薄いかは感覚的なものなので、人によって判断はわかれます。経験を積んで、見極められるようにしましょう。

板が厚い場合、売り注文が多いので、多くの買い注文が出ないと株価が急騰しません。

板が薄い場合、売り注文が少ないので、それほど多くの買い注文が出なくても株価が急騰します。

たとえば、次ページの例で、２万株の成行買い注文が出たとします。上段の板では１円しか値上がりしません。

下段の板では３１０円まで値上がりします。

このように、板が薄いとわずかな買い注文が出ただけで急騰してしまいます。

板が薄い銘柄は注意

売数量	値段	買数量
95000	310	
28000	309	
32000	308	
47000	307	
47000	306	
91000	305	
33000	304	
65000	303	
43000	302	
17000	301	
	300	14000
	299	55000
	298	41000
	297	69000
	296	66000
	295	98000
	294	48000
	293	39000
	292	72000
	291	71000

売数量	値段	買数量
11000	310	
2000	309	
2000	308	
1000	307	
1000	306	
5000	305	
1000	304	
2000	303	
2000	302	
3000	301	
	300	2000
	299	1000
	298	1000
	297	2000
	296	1000
	295	5000
	294	1000
	293	3000
	292	3000
	291	4000

POINT

板が薄いとわずかな買い注文が出ただけで急騰してしまうので注意が必要

11 信用残の動向に注意が必要

カラ売りでは、「信用残（信用取引残）」にも注意しましょう。信用残とは、信用取引で建てられている株の残高です。買い建て玉と売り建て玉、それぞれの株数を表します。

買い残……買い建てられている株の残高

売り残……売り建てられている株の残高

信用残を調べる方法はいくつかありますが、手っ取り早いのはネット証券の株価情報欄を使って調べる方法です。たとえば、松井証券なら、ＱＵＩＣＫ情報で個別銘柄の「信用」のところに信用残が掲載されています。

カラ売りの場合、信用残で見るべきポイントは「買い残に比べて売り残が極端に多いかどうか」です。売り残はいずれ買い戻されることになります。売り残が多いということは、いずれ買い戻されて、株価が上がるということ。買い残に比べて売り残が極端に多い場合は、大きく上昇する可能性があるわけです。場合によっては、この後で説明する「逆日歩」が発生し、売り建てによるコストがかかることになります。そのため、売り残の動向に注意が必要になるわけです。

信用残とは？

信用残とは？

信用取引で建てられている株の残高のこと。買い建て玉と売り建て玉、それぞれの株数を表す

買い残……買い建てられている株の残高

売り残……売り建てられている株の残高

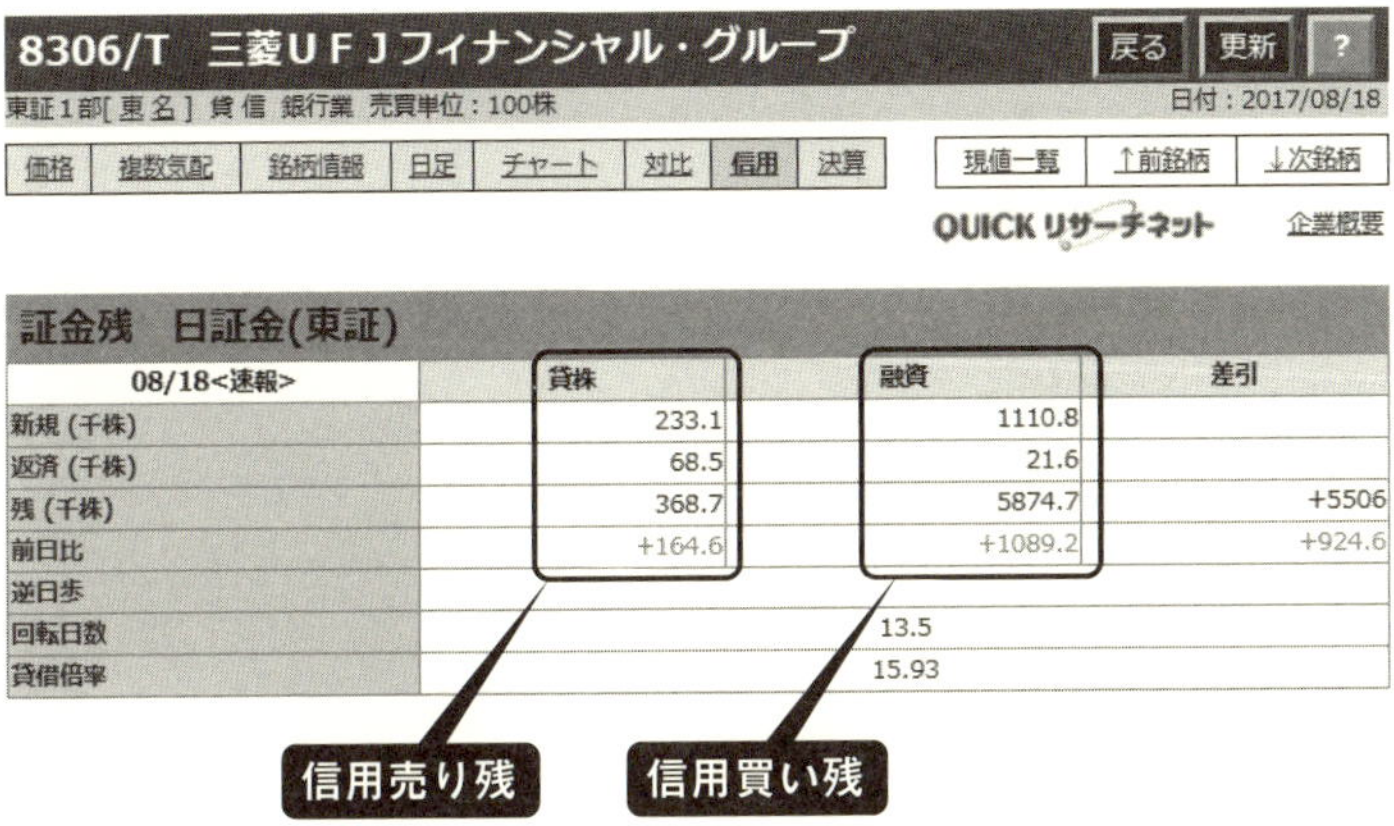

8306/T　三菱ＵＦＪフィナンシャル・グループ　戻る　更新　?

東証1部[東名]　貸信　銀行業　売買単位：100株　日付：2017/08/18

価格　複数気配　銘柄情報　日足　チャート　対比　信用　決算　現値一覧　↑前銘柄　↓次銘柄

QUICK リサーチネット　企業概要

証金残　日証金(東証)

08/18<速報>	貸株	融資	差引
新規（千株）	233.1	1110.8	
返済（千株）	68.5	21.6	
残（千株）	368.7	5874.7	+5506
前日比	+164.6	+1089.2	+924.6
逆日歩			
回転日数		13.5	
貸借倍率		15.93	

信用残はネット証券の株価情報欄で調べることができる

POINT

カラ売りの場合、信用残で見るべきポイントは「買い残に比べて売り残が極端に多いかどうか」

12 逆日歩が1円以上になったら要注意！

逆日歩とは、「品貸料」のこと。

通常、買い建てでは金利（日歩）を支払い、売り建てでは金利を受け取ります。

しかし、カラ売りが増え、売建玉の株数が買建玉の株数を大きく上回ると株不足が生じ、売り建てで金利を支払うことになります。

これを、逆日歩といいます。

1株あたり1円未満であれば、それほど気にすることはありません。しかし、逆日歩が1円以上になったら注意が必要です。

場合によっては、1株80円くらいになることもあります。この場合、1000株を持ち越したら1日で8万円の逆日歩、1万株を持ち越したら1日で80万円の逆日歩を支払うことになります。株価が少し下がったとしても、逆日歩の負担が大きいので損失になってしまいます。

カラ売りをする際は注意してください。

逆日歩に注意する

逆日歩とは？

品貸料のこと。
カラ売りが増え過ぎて株不足になったとき、売り建てで支払う金利のこと

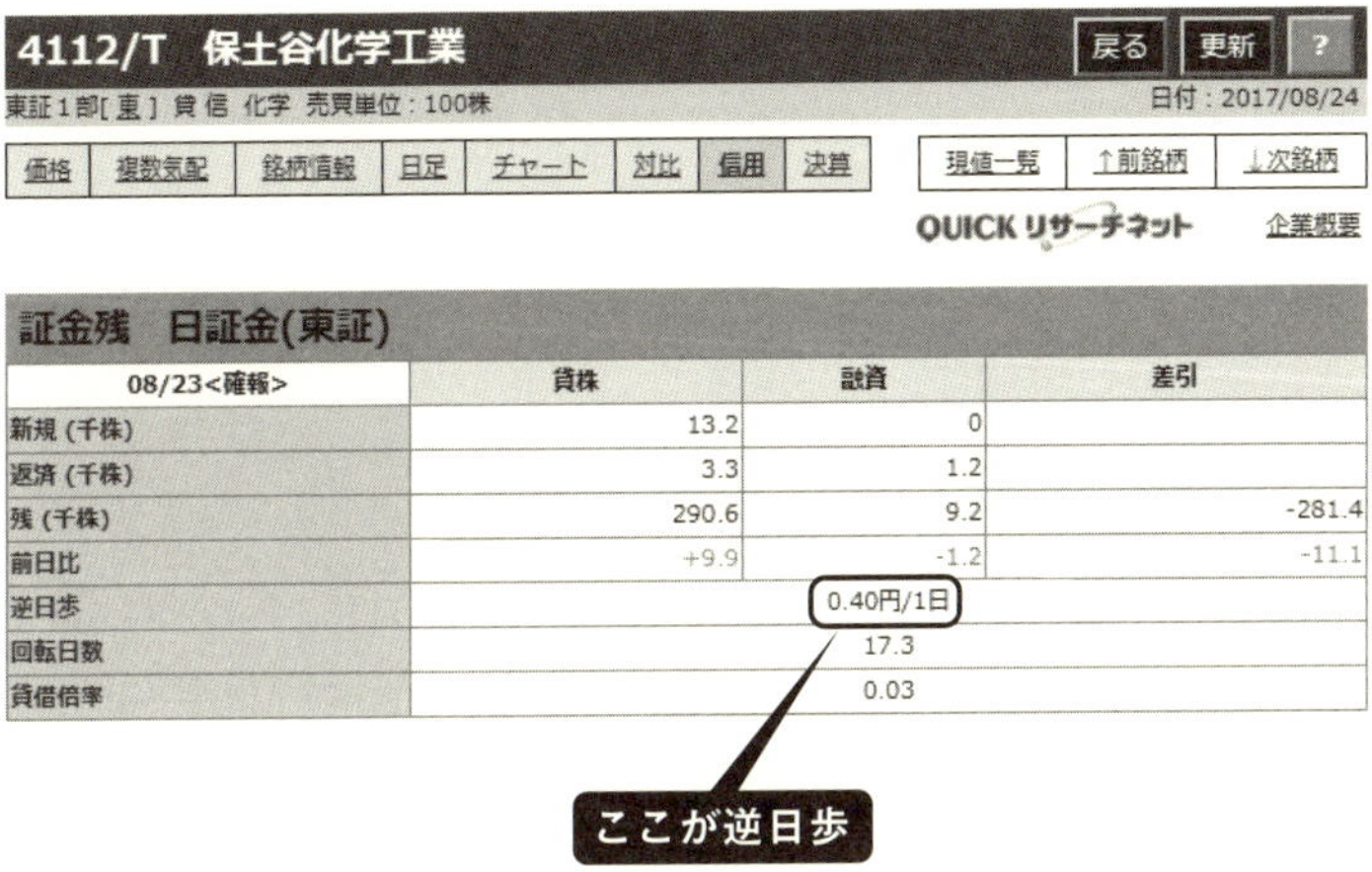

4112/T　保土谷化学工業　戻る　更新　?

東証1部[東] 貸 信　化学　売買単位：100株　日付：2017/08/24

価格　複数気配　銘柄情報　日足　チャート　対比　信用　決算　現値一覧　↑前銘柄　↓次銘柄

QUICK リサーチネット　企業概要

証金残　日証金(東証)

08/23<確報>	貸株	融資	差引
新規（千株）	13.2	0	
返済（千株）	3.3	1.2	
残（千株）	290.6	9.2	-281.4
前日比	+9.9	-1.2	-11.1
逆日歩	0.40円/1日		
回転日数	17.3		
貸借倍率	0.03		

逆日歩はネット証券の株価情報欄で調べることができる

POINT

逆日歩は1株あたり1円未満であれば、それほど気にすることはない。1円以上になったら注意が必要

逆日歩の調べ方

では、逆日歩はどのようにして調べればよいのでしょうか。

調べ方はいくつかありますが、まずは以下の二つを覚えておきましょう。

●日本証券金融株式会社のウェブサイト

●ネット証券の株価情報欄

最も早いのは、日本証券金融株式会社のウェブサイトです。「銘柄名・コード」で調べることができます。

また、「品貸料率一覧表」のファイルで逆日歩が付いている銘柄すべてを調べることができます。

ネット証券の株価情報欄でも調べることができます。

たとえば、松井証券なら、ＱＵＩＣＫ情報で個別銘柄の「信用」のところをクリックすれば、その銘柄の信用取引に関する情報が表示されます。そこに逆日歩の欄もあります。ＱＵＩＣＫ情報では、12時頃に最新の逆日歩が掲載されます。

逆日歩が高くなるとどうなるのか？

逆日歩は値動きしだいで急に高くなることがあります。

株価が急騰すると、「もうそろそろ下がるだろう」と思うトレーダーが多く、カラ売りが一気に増えます。

すると、株不足がさらに進み、逆日歩も急騰することになります。

そうなると、カラ売りしているトレーダーは慌てて株を買い戻そうとします。また、買い方も「ここぞ」とばかりに攻めてきます（株を買ってきます）。

買いが集まるわけですから、株価はさらに急騰することになります。俗に言う「踏み上げ相場」です。

こうなるとほとんどの場合、逆日歩が下がるまでか、信用取引の規制がかかるまで、株価は上昇します。

売り方は、逆日歩による損失と値上がりによる損失をダブルで負うことになるわけです。

このような踏み上げで損失を負わないようにするためには、逆日歩の動向に注意することが必要。逆日歩がいくらになるかはなかなか予測できませんが、跳ね上がりそうな気配を感じたら、カラ売りしないこと。また、カラ売りをしていれば、すぐに買い戻すことです。

3章

下方へのギャップによるカラ売り手法

1 ▼日足チャートを使ったカラ売り手法

ここからは、具体的な手法について紹介していきます。著者が考えて、実際に使っている手法です。

まず、この章では、日足チャートを使った手法を紹介しましょう。

手法の名前はとくにないのですが、あえてつけるなら、「下方へのギャップの追撃売り手法」です。簡単に説明すると、以下の通りです。

●下方へのギャップで株価が下落傾向にあることを確認→カラ売り

「ギャップ」とは、ローソク足と次のローソク足の間が空いている状態のことです。「窓」といった言い方もあります。

ギャップ（窓）は通常、値動きに勢いがあるときにできます。上昇の勢いが強いときは上にギャップができ、下降の勢いが強いときは下にギャップができます。

つまり、この手法では、下方へのギャップで下降の勢いが強いことを確認し、その流れに乗る（カラ売りをする）ということです。

ギャップで株価の勢いを見極める

上方へのギャップ(上窓)

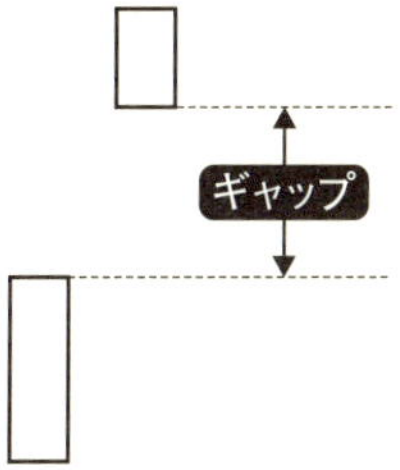

上昇の勢いが強いときは上にギャップができる

下方へのギャップ(下窓)

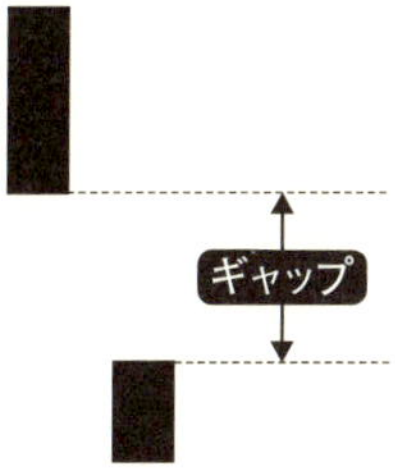

下降の勢いが強いときは下にギャップができる

POINT **下方へのギャップで下降の勢いが強いことを確認し、その流れに乗る（カラ売りをする）**

2 ▼ 2本の移動平均線を使う

下方へのギャップができ、そのローソク足が陰線というだけで、下方への強い動きがわかります。

しかし、それは短いスパンにかぎられたことかもしれません。もっと長いスパン（もう少し大きな流れ）で下落傾向であることを見極め、カラ売りをしたほうがリスクを抑えられますし、利益も取りやすいでしょう。

もっと長いスパンの動きを捉える方法はいくつかあるのですが、ここでは株価移動平均線（以下、移動平均線と略します）を使って捉えることにします。

移動平均線とは、一定期間の終値の平均を線に結んだもの。

日足チャートでよく使われるのは、移動平均線は５日移動平均線（５日間の終値の平均を結んだ線）、25日移動平均線（25日間の終値の平均を結んだ線）、75日移動平均線（75日間の終値の平均を結んだ線）です。ここでは、５日移動平均線と25日移動平均線の２本を使います。

カラ売りとはどのような取引なのか？

移動平均線とは？

一定期間の終値の平均を線に結んだもの

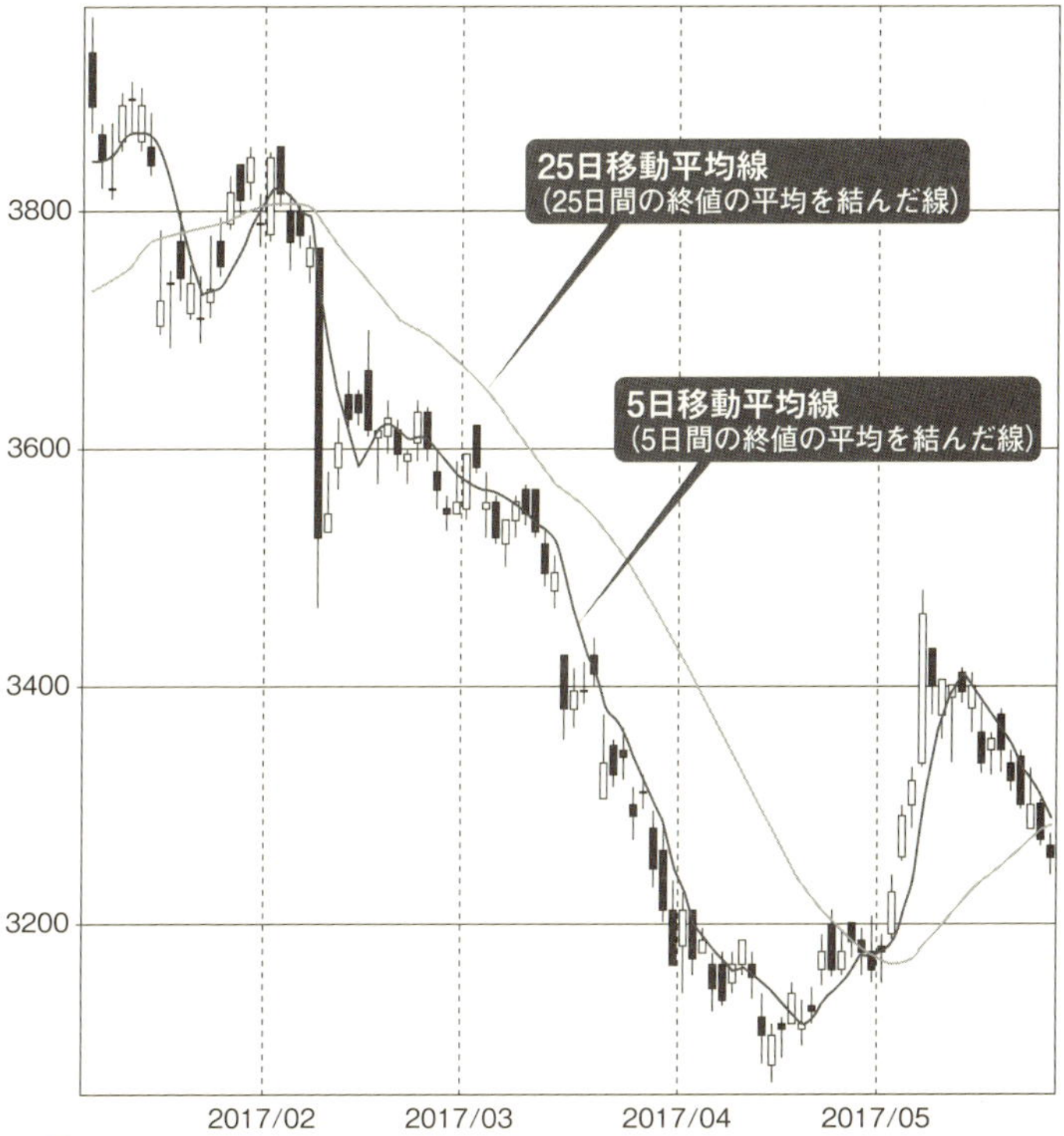

POINT

5日移動平均線と25日移動平均線の2本を使う

3 移動平均線を使った株価傾向の見極め方

では、移動平均線を使った下落傾向の見極め方を説明します。

移動平均線は線の向き（上向きか、下向きか）で、上昇傾向なのか、下落傾向なのかがわかります。

移動平均線が上向き……株価が上昇傾向
移動平均線が下向き……株価が下落傾向

必ずというわけではありませんが、移動平均線が上向きなら株価は上昇傾向、移動平均線が下向きなら株価は下落傾向といえます。

たとえば、次ページチャートの右側を見てください。5日移動平均線と25日移動平均線がどちらも上向きになっています。この場合、株価は上昇傾向といえます。実際、株価は上昇しています。次にチャートの左側を見てください。5日移動平均線と25日移動平均線がどちらも下向きになっています。この場合、株価は下落傾向といえます。実際、株価は下落しています。

このように移動平均線の向きを見ることで、株価の傾向を見極めることができるのです。

移動平均線の向きで株価の傾向がわかる

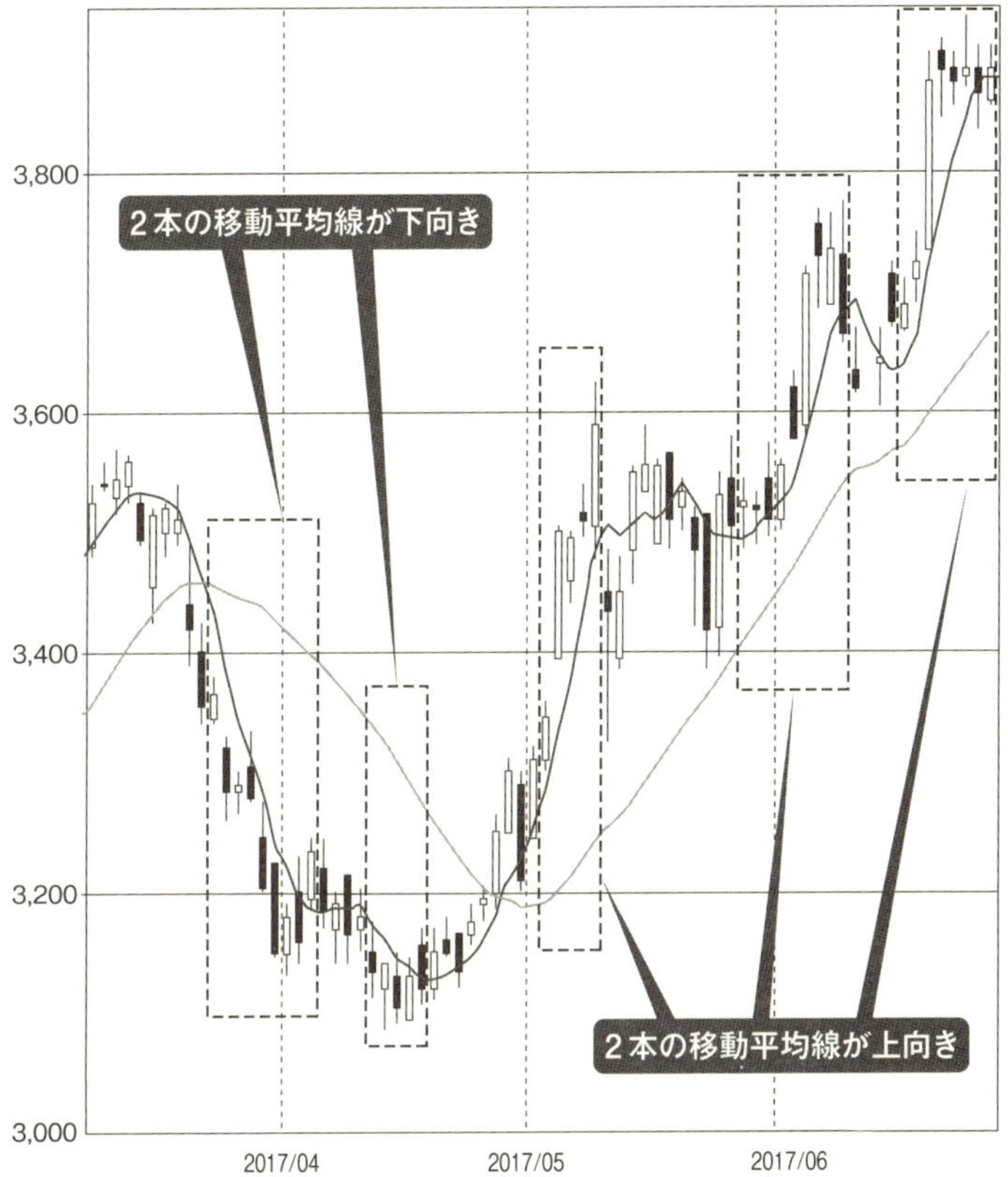

POINT

移動平均線が上向き……株価が上昇傾向
移動平均線が下向き……株価が下落傾向

4 日足チャートを使ったカラ売り手法の手順

では、日足チャートを使ったカラ売り手法の手順について具体的に説明します。

以下の手順でカラ売りまで進めます。

ステップ1……下方へのギャップができ、そのローソク足が陰線である。ステップ2へ

ステップ2……5日移動平均線と25日移動平均線がどちらも下向き。ステップ3へ

ステップ3……次のローソク足の始値でカラ売りをする

ステップが三つしかありませんから、それほど難しい手法ではありません。

ただ、実際にトレードをするとなると、ステップ1に該当する銘柄を探すのがたいへんに感じるでしょう。

取引時間終了後に多くの銘柄の日足チャートを見て、探すことになります。これはかなり時間がかかる作業です。

探すコツとしては、「値下り率ランキング」にランクインした銘柄を中心に見ていきます。下方へのギャップができ、なおかつ、陰線になるということは、その日の下げ幅は大きいはず。

値下り率ランキングにランクインしている確率が高いのです。

売り建てを見送ったほうがよい場合

ステップ1・2に該当すれば、どんな場合でもカラ売りできるというわけではありません。

状況によってはリスクが大きいので、売り建てを見送ったほうがよい場合もあります。

以下のいずれかに該当する場合は見送ったほうが無難です。

1. ギャップが大き過ぎる
2. 陰線が長過ぎる
3. すでに大きく下落している
4. 長い下ヒゲが出た

1～3は、「下げきった感」があるので反発しやすくなります。4は、単に反発しやすいローソク足の形です。

５ 実例解説 北海道電力（東証1部９５０９）

では、下方へのギャップによるカラ売り手法について、実例を使って解説していきましょう。

次ページのチャートは北海道電力（東証1部９５０９）の日足です。

ステップ1……Aのところで下方へのギャップができ、そのローソク足が陰線になっています

ステップ2……Bのところを見てください。５日移動平均線と25日移動平均線がどちらも下向きになっています

ステップ3……次のローソク足の始値でカラ売りをする

売値は８６７円。カラ売り後、７７３円まで下落しました。

下方へのギャップはすぐにわかるはずです。

株価は７７３円まで下落しましたが、実際のトレードではCかDのあたりで利食いしたほうがいいでしょう。Cはやや長い陰線で含み益が一気に増えたところ。Dは一旦、反転しやすいローソク足なので、短期のカラ売りトレードなら利食いしたほうがいいでしょう。

実例
解説

北海道電力（東証1部9509）

北海道電力（東証1部9509）日足チャート

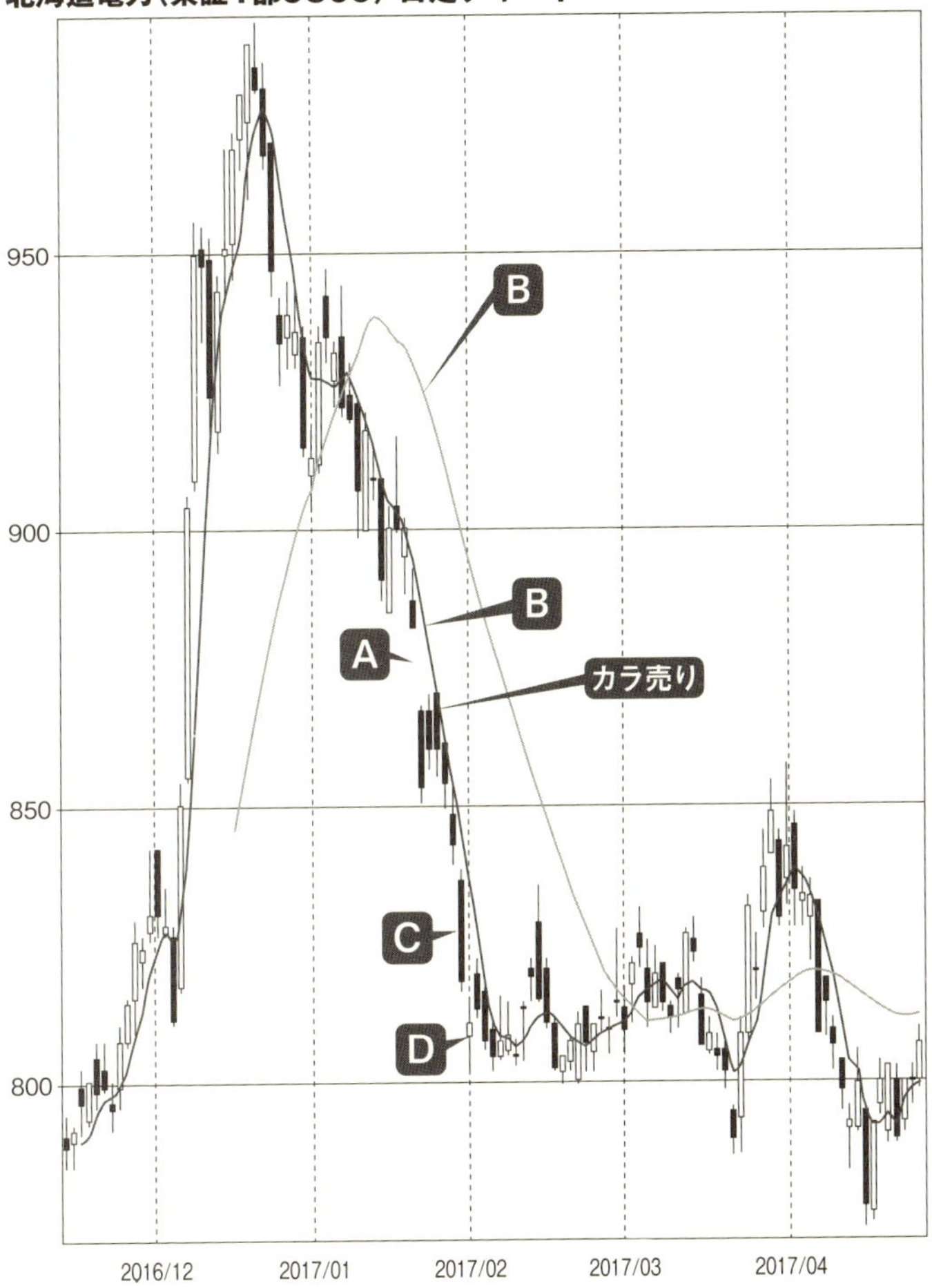

6 実例解説 丸一鋼管（東証1部5463）

次ページのチャートは丸一鋼管（東証1部5463）の日足です。

ステップ1……Aのところで下方へのギャップができ、そのローソク足が陰線になっています

ステップ2……Bのところを見てください。5日移動平均線と25日移動平均線がどちらも下向きになっています

ステップ3……次のローソク足の始値でカラ売りをする

売値は3380円。カラ売り後、3065円まで下落しました。

カラ売りをした直後に株価は少し戻っています。ギャップができると、そのギャップを埋めるように株価が戻ることがあります。しかし、下落傾向がはっきりしていれば、すぐに反落することが多いです。

この例では、下方へのギャップができた時点でCの安値を割り込んで下落傾向がはっきりしています。反落する確率が高いパターンです。

実例解説　丸一鋼管（東証1部5463）

丸一鋼管（東証1部5463）日足チャート

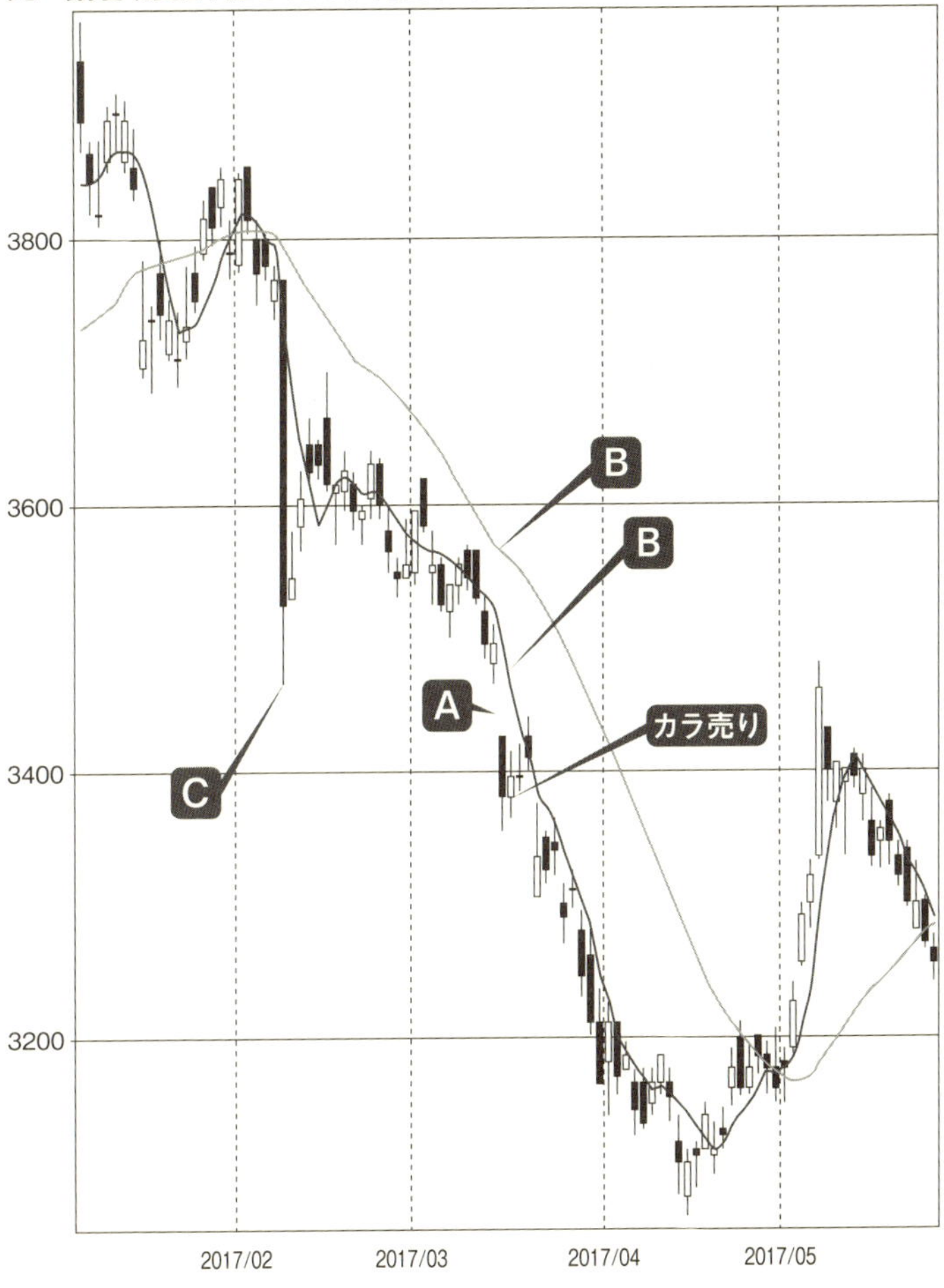

7 実例解説

コニカミノルタ（東証1部4902）

もう一つだけ実例を紹介しておきましょう。

次ページのチャートはコニカミノルタ（東証１部４９０２）の日足です。

ステップ1……Ａのところで下方へのギャップができ、そのローソク足が陰線になっています

ステップ2……Ｂのところを見てください。５日移動平均線と25日移動平均線がどちらも下向きになっています

ステップ3……次のローソク足の始値でカラ売りをする

売値は１０４０円。カラ売り後、８６８円まで下落しました。

この例では、Ｃのところでも下方へのギャップができています。しかし、Ｃのところは陽線なのでカラ売りをしません。Ｄのところも落ちきったところなのでカラ売りをしません。Ｅのところはカラ売りをできないこともないのですが、５日移動平均線が25日移動平均線の上にあるので、見送ったほうが無難です。結果としては、いずれもその後に下落していますが、著者はこのように判断しました。

実例解説 コニカミノルタ（東証1部4902）

コニカミノルタ（東証1部4902）日足チャート

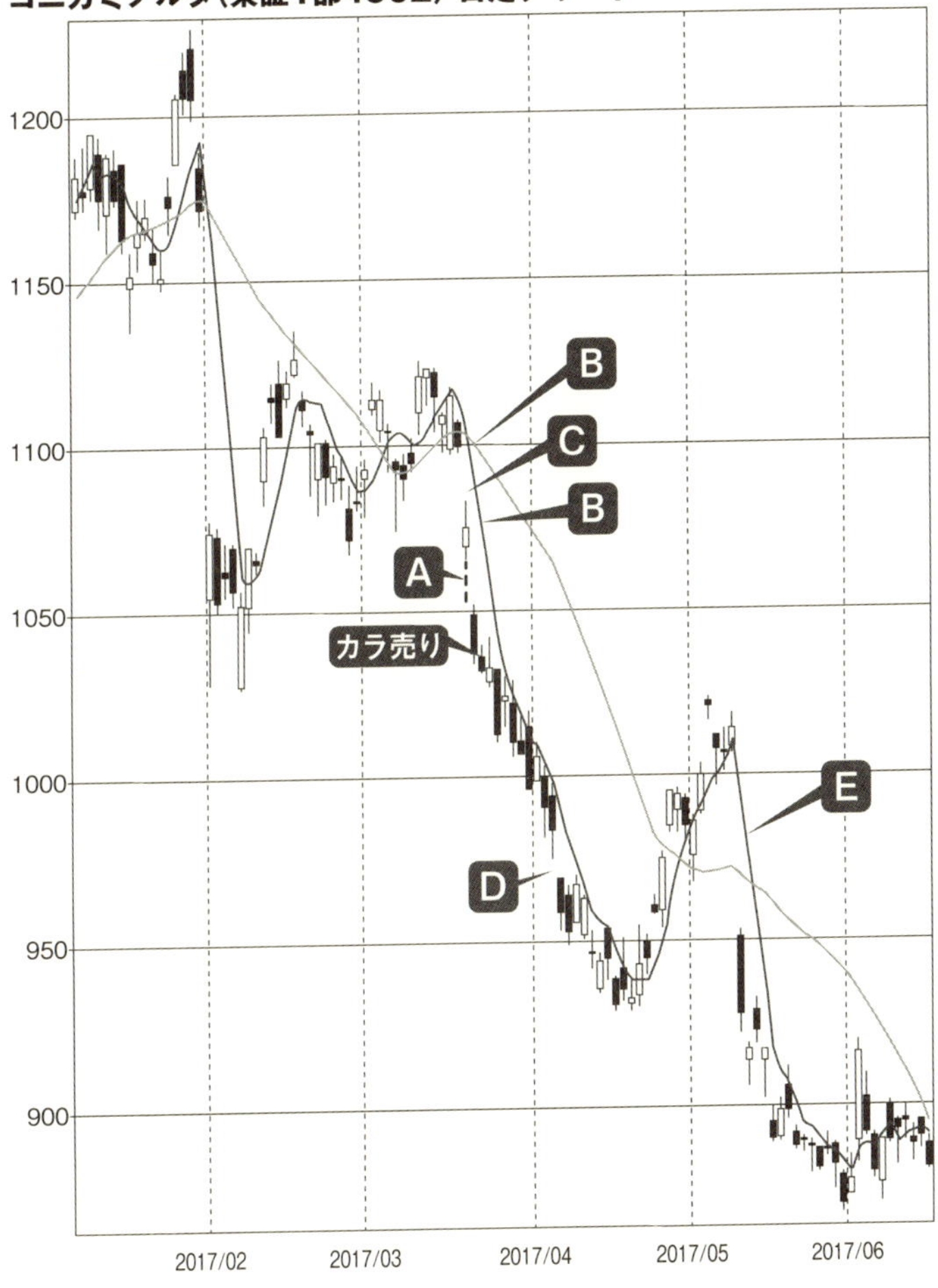

8 演習問題

太平洋金属（東証1部5541）

問題

次ページのチャートは、太平洋金属（東証1部5541）の日足です。

下方へのギャップによるカラ売り手法でエントリーできるところがあります。それはどこでしょうか。

ヒント

ローソク足を左から見ていき、下方へのギャップを探しましょう。

演習問題

太平洋金属

太平洋金属（東証1部5541）日足チャート

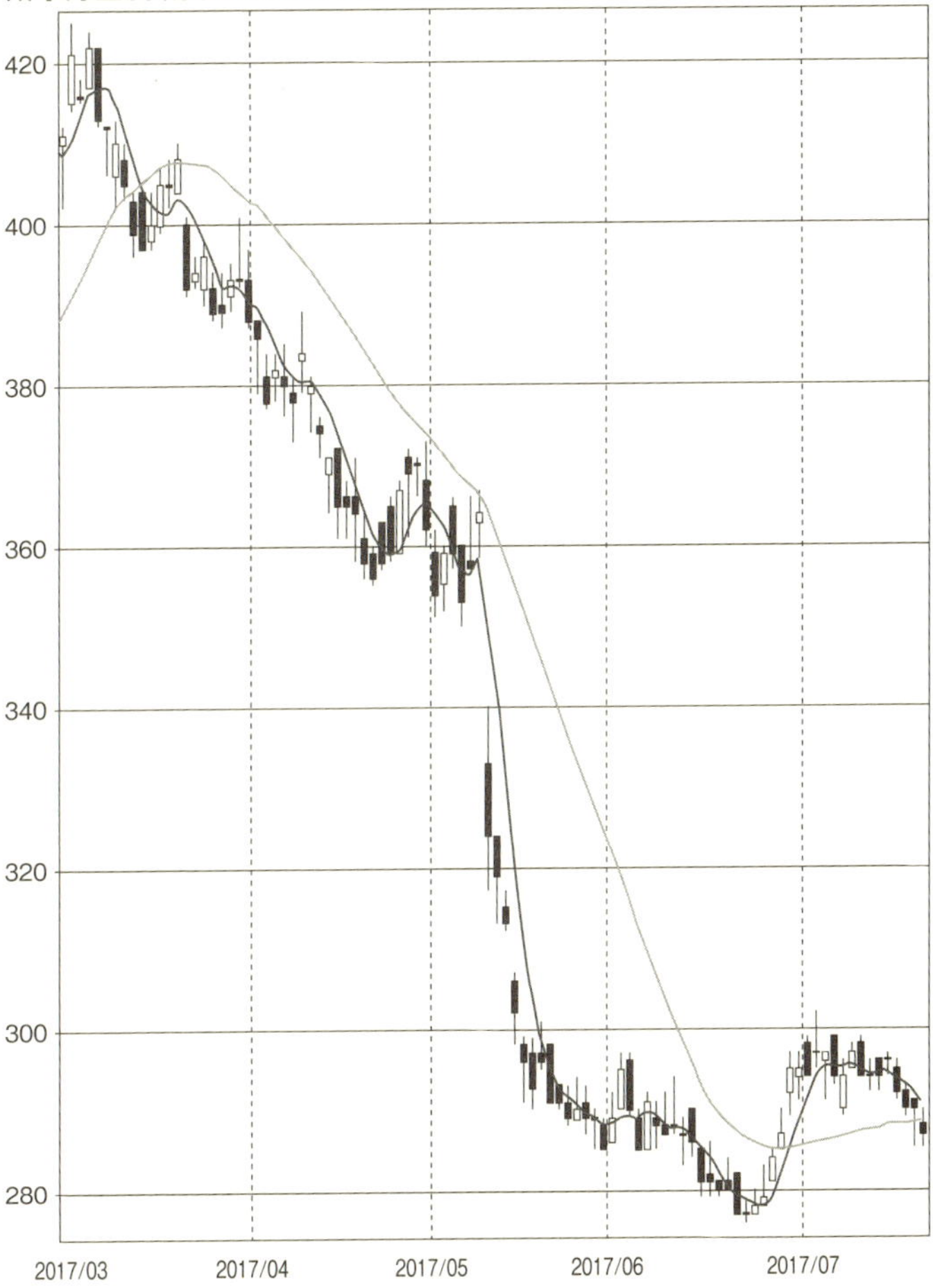

解答

Ｃのところ

解説

下方へのギャップで陰線が出て、５日移動平均線と25日移動平均線がどちらも下向きになっていればカラ売りのタイミングです。これを理解していれば、すぐにわかったと思います。

ステップ1……Ａのところで下方へのギャップができ、そのローソク足が陰線になっています

ステップ2……Ｂのところを見てください。５日移動平均線と25日移動平均線がどちらも下向きになっています

ステップ3……次のローソク足の始値でカラ売りをする

売値は３２４円。カラ売り後、２７６円まで下落しました。

Ｄのところでも下方へのギャップができていますが、やや落ちきった感があるので、見送ります。むしろ、ここは利食いのタイミングです。

解答　**太平洋金属**

太平洋金属（東証1部5541）日足チャート

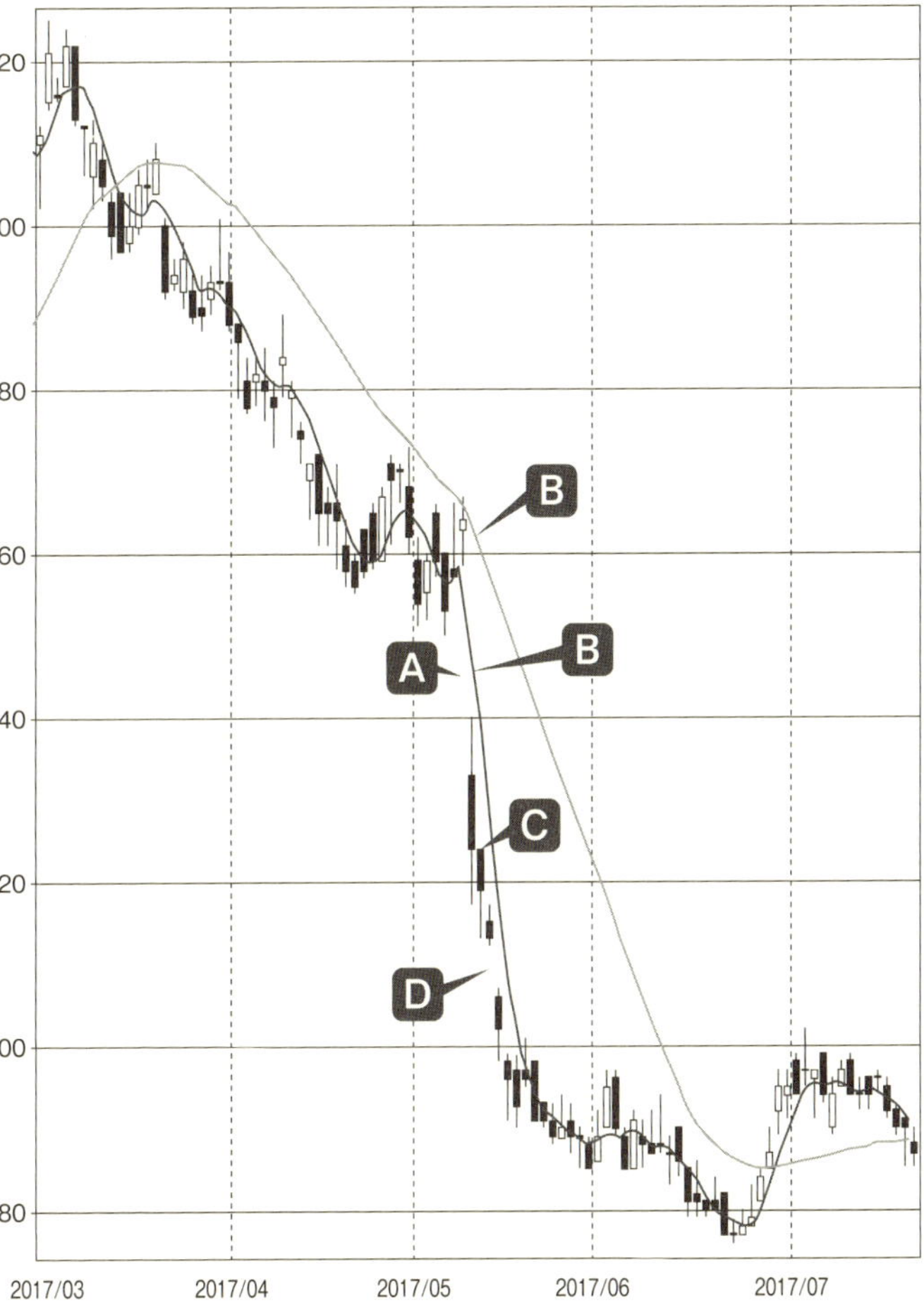

4章

日経平均株価の下落期間に限定したカラ売り手法

1 日経平均株価の動きでカラ売りのタイミングを見極める

この章では、株式相場全体の動きに合わせてカラ売りをする手法を紹介します。

相場全体が上昇すると多くの個別銘柄も上昇します。逆に、相場全体が下降すると多くの個別銘柄も下降します。相場全体の動きに合わせて（つられて）動く個別銘柄があるわけです。

この「つられて下落する動き」を狙ってカラ売りをすると、利益を得られる確率が高くなります。もちろん、カラ売りをした後に反発することもあるのですが、相場全体が下落していれば、反発はかぎられます。リスクが小さいわけです。

相場全体の動きを見極める方法はいくつかあるのですが、指標を使った方法が簡単です。

相場全体の動きをあらわす代表的な指標といえば、「日経平均株価」です。日経平均株価とは、日本経済新聞社が発表する株価指数のこと。市場を代表する２２５銘柄を対象として算出されます。

この日経平均株価の動きで相場全体の動きを把握し、カラ売りをするタイミングを見極めます。

日経平均株価の動きと個別銘柄の動き

日経平均株価 日足チャート

三井住友フィナンシャルグループ（東証1部8316）日足チャート

POINT

日経平均株価の動きと同じような動きをする個別銘柄は多い

2

2本の移動平均線を見れば下落傾向の期間が見極められる

まずは、日経平均株価の動きで相場全体の動きを見極めます。

見極める方法はいくつかあるのですが、ここでも2本の移動平均線を使った方法にします。使うのは、5日移動平均線と25日移動平均線。

- **25日移動平均線が下向き**
- **5日移動平均線が25日移動平均線の下にある**
- **株価が25日移動平均線の下で推移**

この条件を満たしたときは、絶対とはいい切れませんが、概ね「下落傾向である」といえます。

実際の日経平均株価のチャートで説明しましょう。次ページのチャートは日経平均株価の日足です。点線で囲った部分を見てください。2本の移動平均線がどちらも下向きです。そして、5日移動平均線が25日移動平均線の下にあります。よって、ここは「下落傾向である」と判断できます。実際、日経平均株価は下落しています。

このように、2本の移動平均線を見れば、下落傾向の期間が見極められるわけです。

2本の移動平均線で下落傾向の期間を見極める

日経平均株価 日足チャート

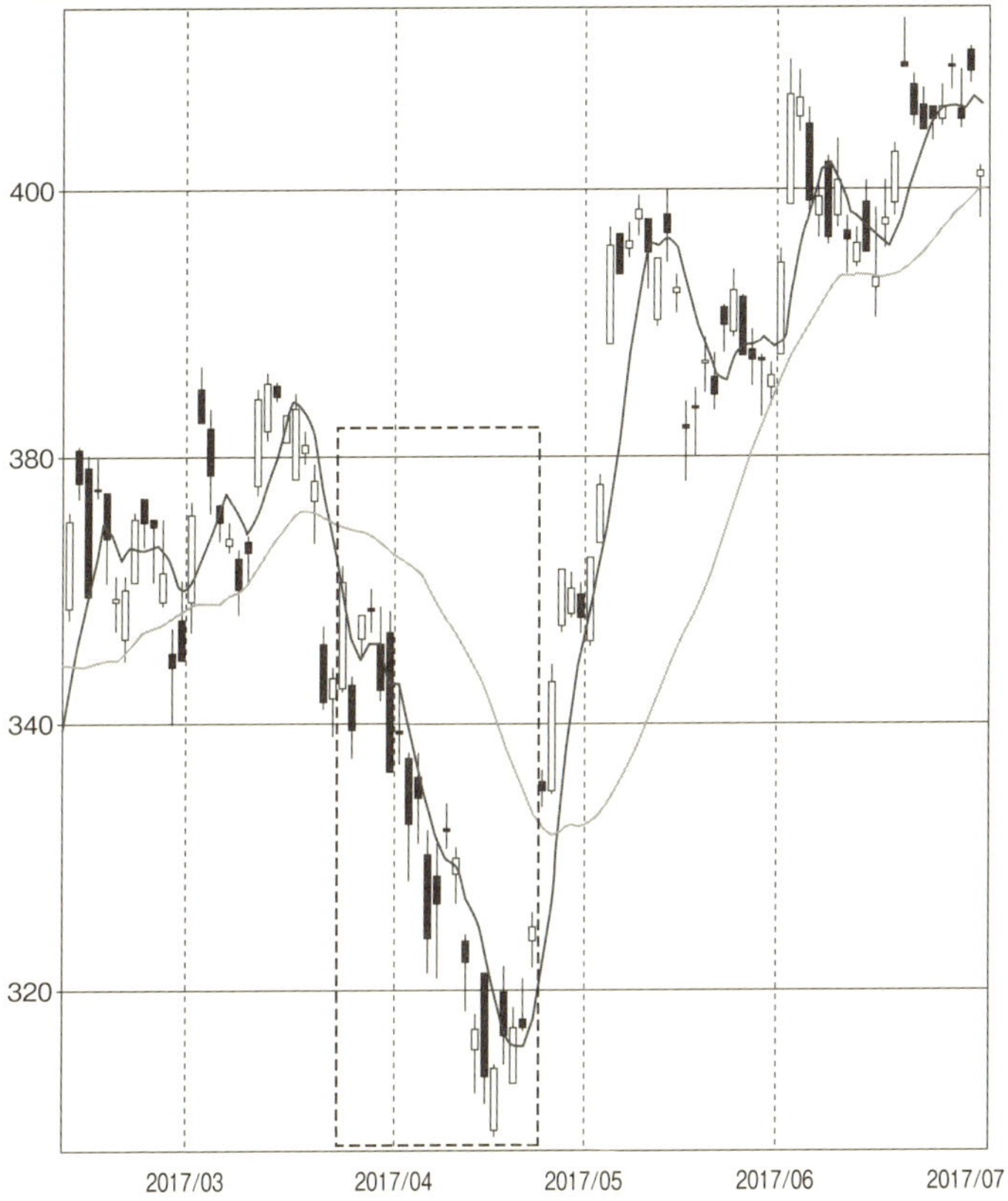

POINT

下落傾向の条件

- **2本の移動平均線がどちらも下向き**
- **5日移動平均線が25日移動平均線の下にある**

3 個別銘柄のしぼり込み

次に、個別銘柄のしぼり込みについて説明します。

狙う個別銘柄は、下落傾向がはっきりしている銘柄です。

●下落→戻り→直近安値更新

といった値動きをしている銘柄なら、下落傾向がはっきりしているといえます。

具体的には、以下の条件に該当している銘柄です。

1. 株価が25日移動平均線の下にある
2. 少し戻る
3. 再び下落し、直近安値を割り込む

この三つの条件に該当すれば、下落傾向がはっきりしているといえます。。

5日移動平均線は見ないのですが、必然的に、「下向き」「25日移動平均線の下」になっているはずです。

日経平均株価が下落傾向の期間に、この三つの条件に該当する銘柄を探してカラ売りをします。

下落傾向がはっきりしている銘柄

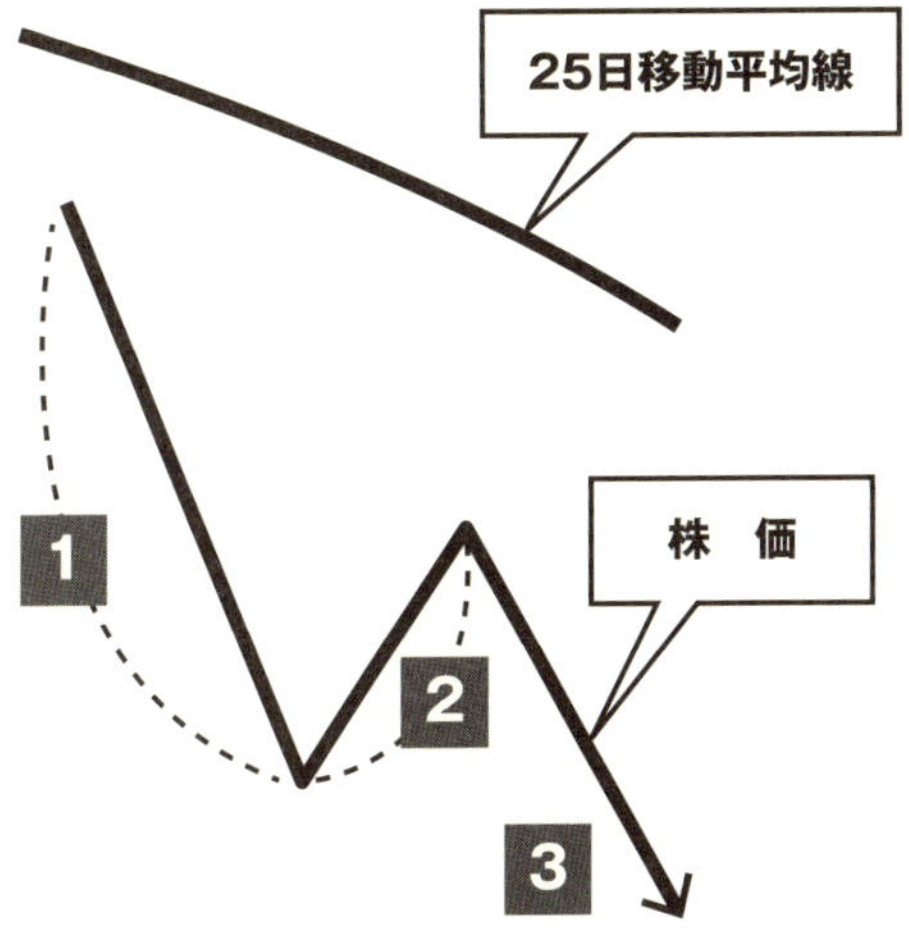

1 株価が25日移動平均線の下にある

2 少し戻る

3 再び下落し、直近安値を割り込む

POINT **日経平均株価が下落傾向の期間に、下落傾向がはっきりしている銘柄を探す**

4 日経平均株価の下落期間に限定したカラ売り手法の手順

では、日経平均株価の下落期間に限定したカラ売り手法の手順について具体的に説明します。

以下の手順でカラ売りまで進めます。

ステップ1……日経平均株価は２０１７年3月23日から（同年4月21日まで）下落期間である（85ページ参照）

ステップ2……（個別銘柄の）終値が25日移動平均線の下にある

ステップ3……（個別銘柄の）株価が少し戻る

ステップ4……（個別銘柄の）株価が再び下落し、終値が直近安値を割り込む

ステップ5……次のローソク足の始値でカラ売りをする

ステップ１は、日経平均株価の日足チャートを見て見極めます。

ステップ２～４は、個別銘柄のしぼり込みです。個別銘柄のチャートを見て、該当する銘柄を探します。

売り建てを見送ったほうがよい場合

売り建てを見送ったほうがよい場合については、下方へのギャップによる陰線の手法とほぼ同じです。

以下のいずれかに該当する場合は見送ったほうが無難です。

1. 大き過ぎるギャップで安値を更新
2. 長過ぎる陰線で安値を更新
3. すでに大きく下落している状態で安値を更新
4. 長い下ヒゲが出たローソク足で安値を更新
5. 25日移動平均線から大きく離れた状態で安値を更新

5 実例解説 セガサミーホールディングス（東証1部６４６０）

では、日経平均株価の下落期間に限定したカラ売り手法について、実例を使って解説していきましょう。

次ページのチャートはセガサミーホールディングス（東証1部６４６０）の日足です。

ステップ1……日経平均株価は２０１７年3月23日から（同年4月21日まで）下落期間である（85ページ参照）

ステップ2……Aのところを見てください。株価が25日移動平均線の下にあります

ステップ3……Bのところで、株価が少し戻っています

ステップ4……Cのところで、株価が再び下落し、直近安値を割り込みました

ステップ5……次のローソク足の始値でカラ売りをします

売値は１５４０円。カラ売り後、１３９６円まで下落しました（２０１７年4月21日までの間に）。

実例解説　セガサミーホールディングス

セガサミーホールディングス（東証1部6460）日足チャート

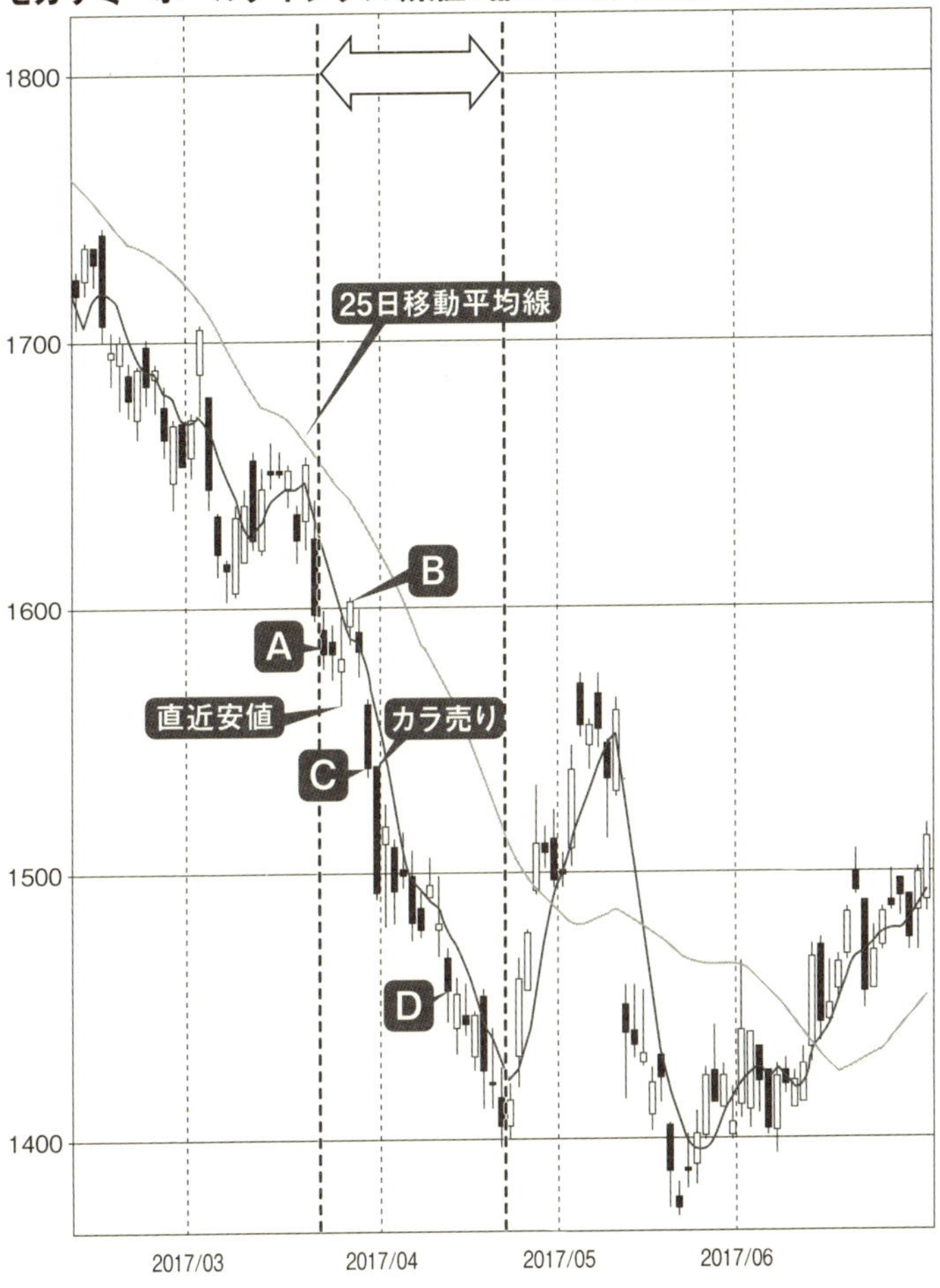

6 実例解説 三菱電機（東証1部６５０３）

次ページのチャートは三菱電機（東証1部６５０３）の日足です。

ステップ1……日経平均株価は２０１７年３月23日から（同年４月21日まで）下落期間である（85ページ参照）

ステップ2……Ａのところを見てください。終値が25日移動平均線の下にあります

ステップ3……Ｂのところで、株価が少し戻っています

ステップ4……Ｃのところで、株価が再び下落し、終値が直近安値を割り込みました

ステップ5……次のローソク足の始値でカラ売りをします

売値は１６０１・５円。カラ売り後、１４６２円まで下落しました（２０１７年４月21日までの間に）。

この銘柄は日経平均株価の構成銘柄です。日経平均株価と同じような値動きになることが多いので、日経平均株価の構成銘柄を中心に狙っていくのも一つの手です。

実例解説

三菱電機

三菱電機(東証1部6503) 日足チャート

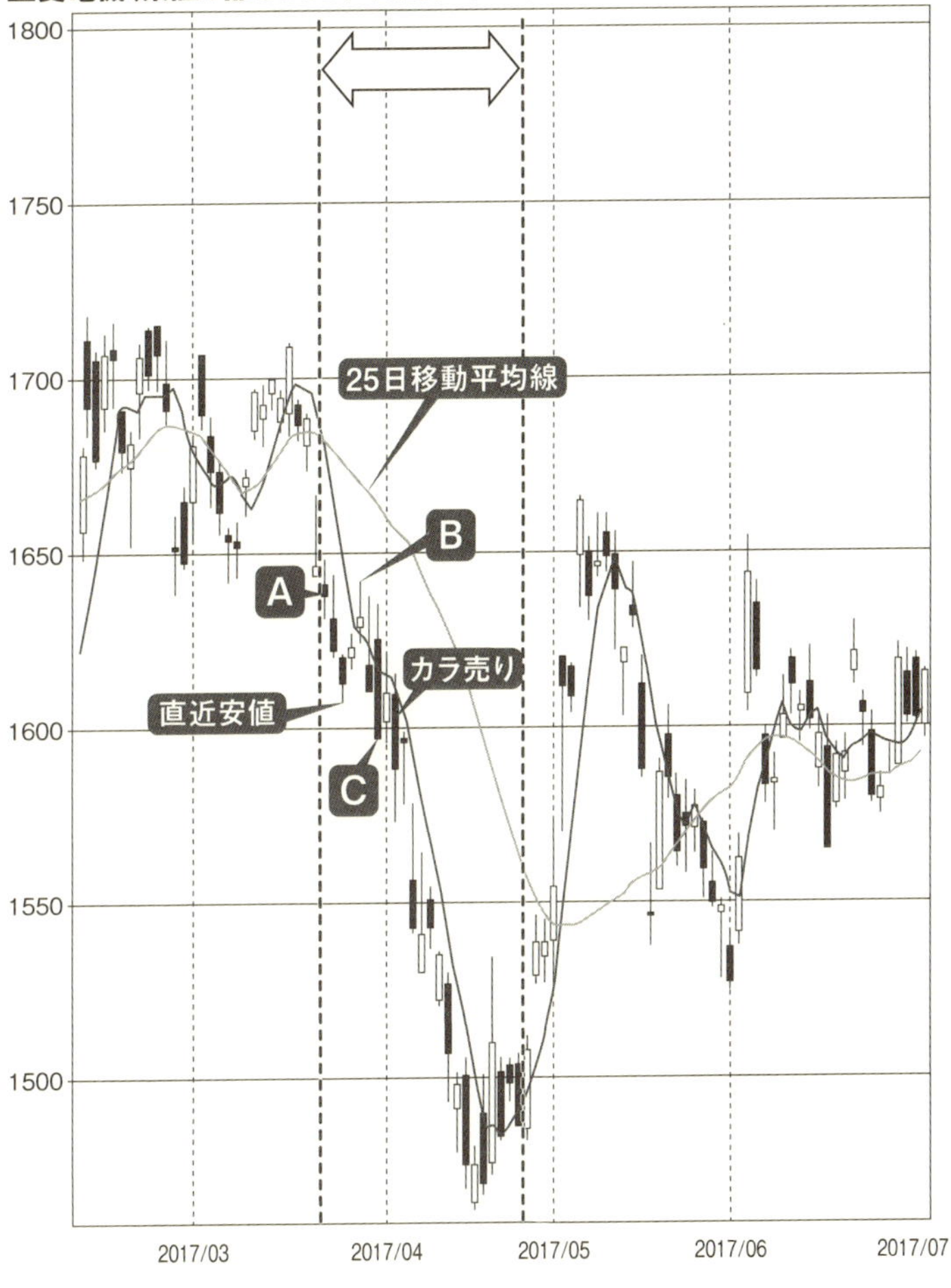

7 実例解説 パイオニア（東証1部6773）

次ページのチャートはパイオニア（東証1部６７７３）の日足です。

ステップ1……日経平均株価は２０１７年3月23日から（同年4月21日まで）下落期間である（85ページ参照）

ステップ2……Aのところを見てください。終値が25日移動平均線の下にあります

ステップ3……Bのところで、株価が少し戻っています

ステップ4……Cのところで、株価が再び下落し、終値が直近安値を割り込みました

ステップ5……次のローソク足の始値でカラ売りをします

売値は２２０円。カラ売り後、１９３円まで下落しました（２０１７年4月21日までの間に）。

もう一度、Bのところを見てください。戻りの高値が25日移動平均線とほぼ同じ位置です。こういった場合、25日移動平均線が上値抵抗線の役割をしている可能性が高いので、その後、下落しやすくなります。戻り高値の位置もよく見ておきましょう。

実例解説

パイオニア

パイオニア(東証1部6773) 日足チャート

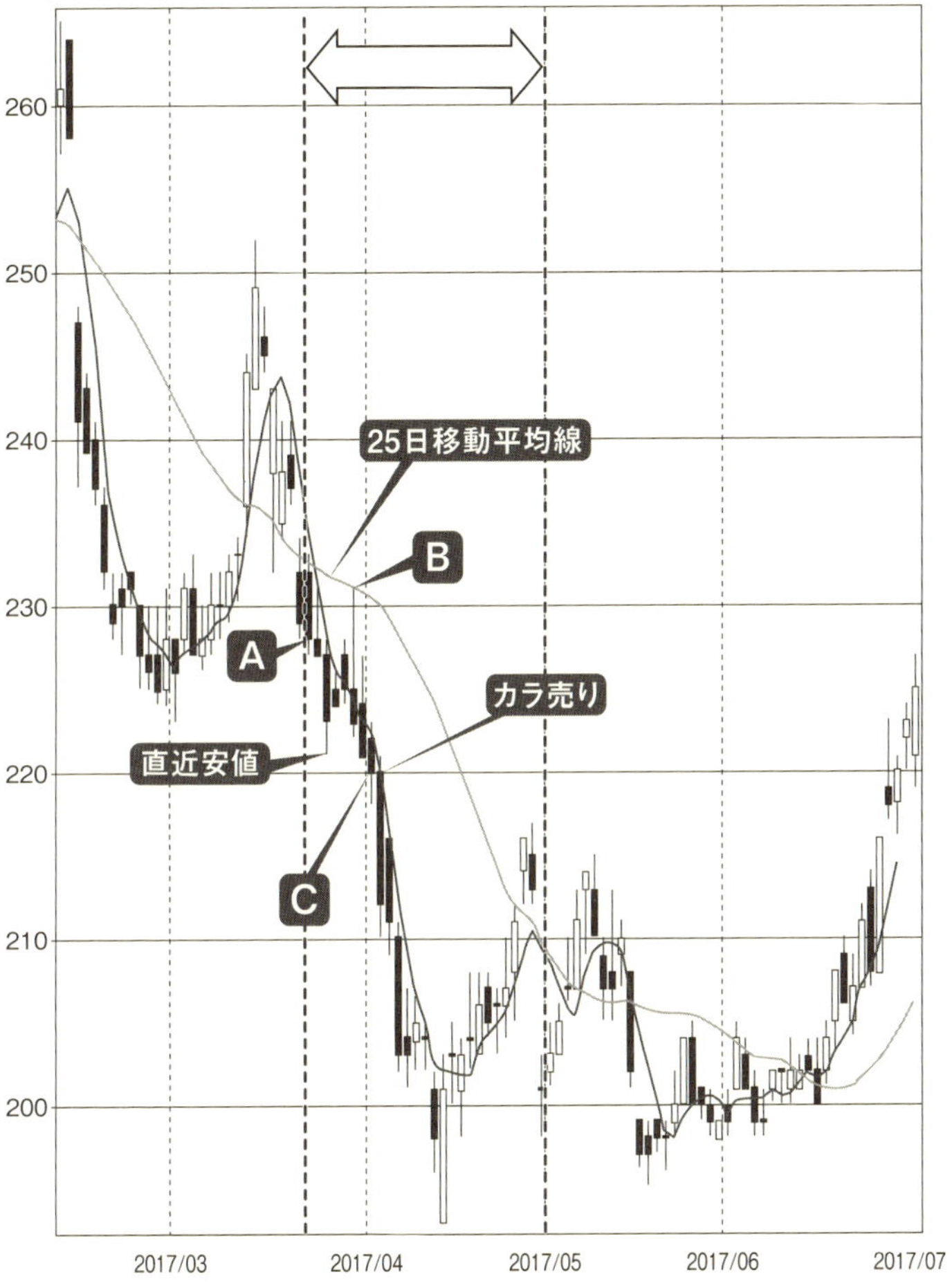

8 演習問題 KYB（東証1部7242）

問題

次ページのチャートは、ＫＹＢ（東証1部７２４２）の日足です。

日経平均株価の下落期間に限定したカラ売り手法でエントリーできるところがあります。

それはどこでしょうか。

ヒント

日経平均株価の下落期間は２０１７年3月23日から（同年4月21日まで）。

下落期間中の戻りと安値更新の箇所がわかれば、エントリーの箇所もわかるはずです。

演習問題

KYB

KYB(東証1部7242) 日足チャート

解答

Ｄのところ

解説

戻りと安値更新の箇所がはっきりしているチャートなので、すぐにわかったと思います。

ステップ1……日経平均株価は２０１７年３月23日から（同年４月21日まで）下落期間である（83ページ参照）

ステップ2……Ａのところを見てください。終値が25日移動平均線の下にあります。ステップ３へ

ステップ3……Ｂのところで、株価が少し戻っています

ステップ4……Ｃのところで、株価が再び下落し、終値が直近安値を割り込みました

ステップ5……次のローソク足の始値（Ｄのところ）でカラ売りをします

売値は５７７円。カラ売り後、４７７円まで下落しました（２０１７年４月21日までの間に）。

実際のトレードでは、含み益が急増しているＥのあたりで利食いしたほうがいいでしょう。

解答

KYB

KYB（東証1部7242）日足チャート

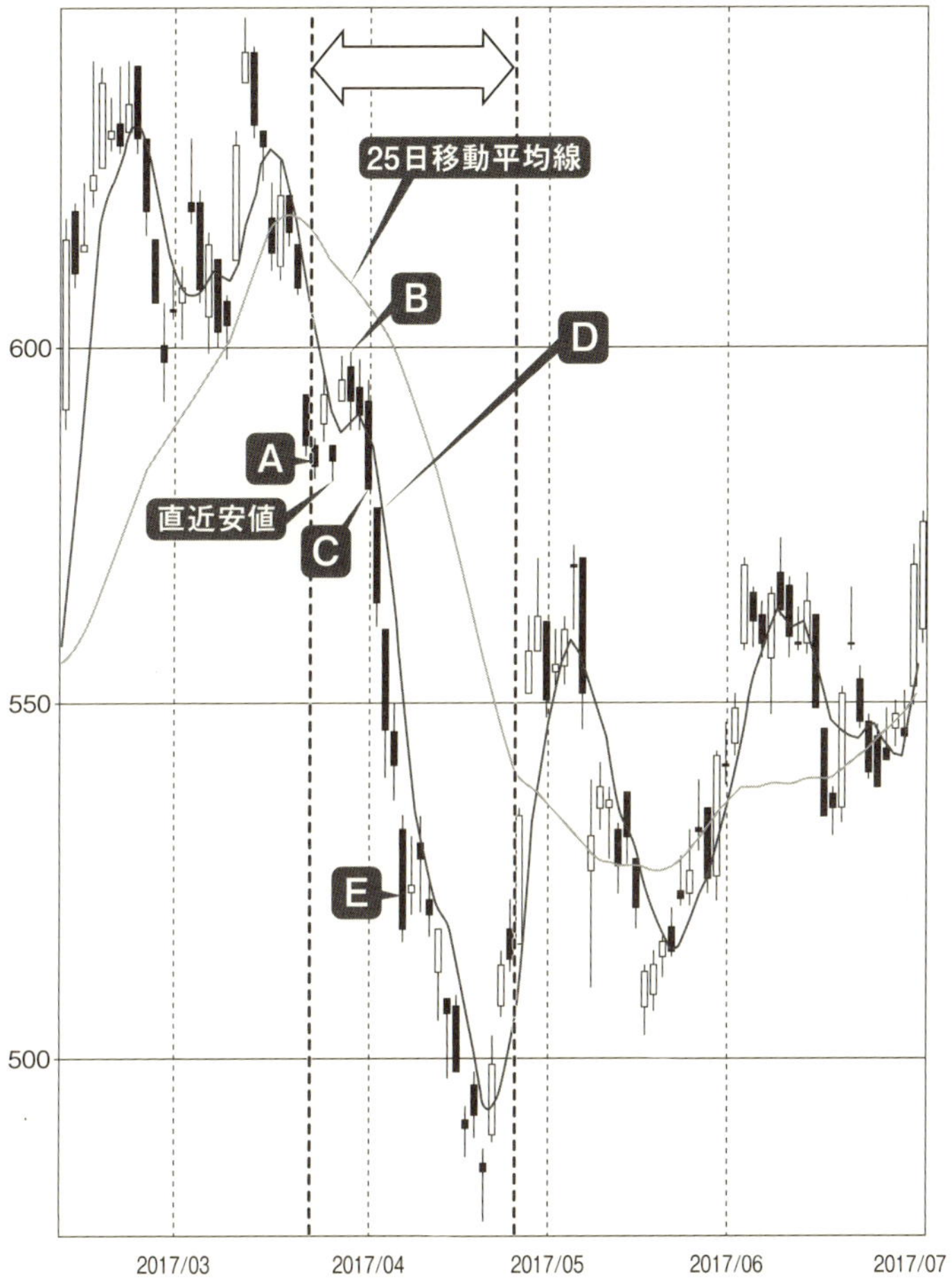

9 演習問題 東海東京フィナンシャル・ホールディングス（東証1部8616）

問題

次ページのチャートは、東海東京フィナンシャル・ホールディングス（東証1部8616）の日足です。

日経平均株価の下落期間に限定したカラ売り手法でエントリーできるところがあります。それはどこでしょうか。

ヒント

日経平均株価の下落期間は2017年3月23日から（同年4月21日まで）。

これも下落期間中の戻りと安値更新の箇所がわかれば、エントリーの箇所もわかるはずです。

演習問題　東海東京フィナンシャル・ホールディングス

東海東京フィナンシャル・ホールディングス（東証1部8616）日足チャート

解答

Dのところ

解説

ステップ1……日経平均株価は２０１７年3月23日から（同年4月21日まで）下落期間である（85ページ参照）。ステップ２へ

ステップ2……Aのところを見てください。終値が25日移動平均線の下にあります

ステップ3……Bのところで、株価が少し戻っています

ステップ4……Cのところで、株価が再び下落し、終値が直近安値を割り込みました

ステップ5……次のローソク足の始値でカラ売りをします

売値は５９２円。カラ売り後、５３８円まで下落しました（２０１７年4月21日までの間に）。

株価の割には戻り幅が小さい（６０８円から６２１円までの13円）のですが、このくらいの戻りでも問題ありません。

解答　東海東京フィナンシャル・ホールディングス

東海東京フィナンシャル・ホールディングス（東証1部8616）日足チャート

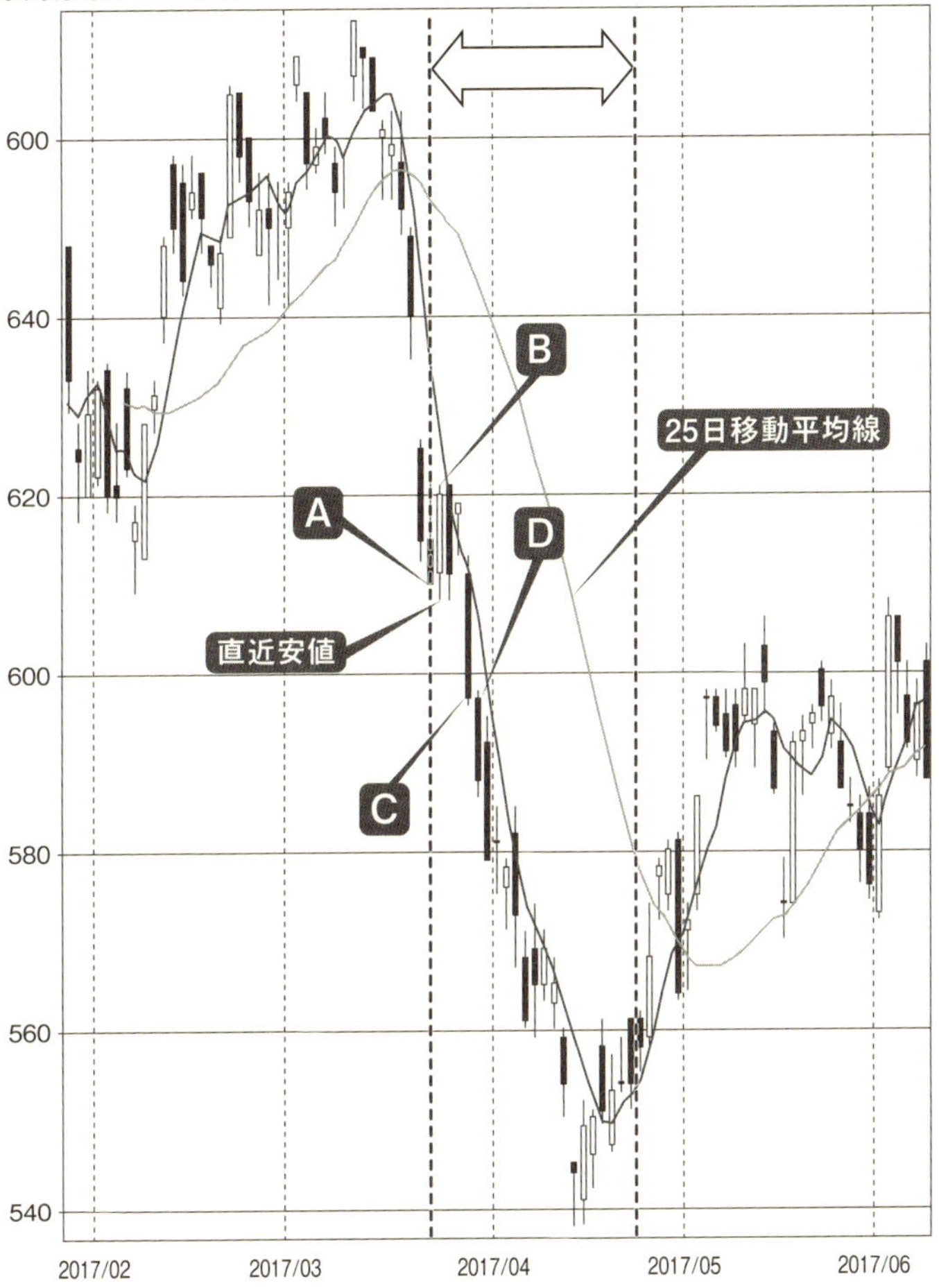

5章

デイトレードのカラ売り手法

1 デイトレードの魅力は？

この章では、カラ売りのデイトレードについて説明していきます。

まずは、デイトレードについて説明しましょう。

デイトレードとは、その日のうちに決済するトレードのこと。たとえば、カラ売りしたら、その日のうちに買い戻すわけです。

売り建てている時間は長くても数時間、早ければ数秒です。売り建てた後、株価を確認してすぐに買い戻すといったこともよくあります。

そのような短い時間で利益を出せるのか、と思った方もいることでしょう。

たしかに、売り建てている時間が短いので取れる値幅は大きくありませんが、売買手数料が安いのでわずかな値幅でも利益が出ます。株価や売買手数料にもよりますが、わずか1円の値幅でも利益を得ることが可能です。

デイトレードの魅力は「資金効率の良さ」

デイトレードの魅力はいくつかありますが、最大の魅力はなんといっても「資金効率の良さ」です。

売り建ててから決済（買い戻し）までの時間が短い、または、買い建てから決済（売り）までの時間が短いので、資金の回転を速くすることができます。

たとえば、スイングトレードの場合、売り建ててから決済まで数日間かかります。１カ月間での資金を回転されられる回数は2～10回程度でしょう。

しかし、デイトレードの場合、売り建ててから決済までの時間が極端に短いので、１カ月間での資金を回転されられる回数はかなり多くできます。２００回以上というのも十分に可能です。

利益を出すスキルがしっかりと身についていれば、資金効率が良いので、あっという間に手持ちの資金が増えていきます。

これが、デイトレードの最大の魅力なのです。

2 信用枠を無限に使いまわすことができる

デイトレードの資金効率についてもう少し説明しておきましょう。

24ページで述べたとおり、信用取引では保証金の3倍までの取引ができます。

かつては、信用枠を使い切ってしまった場合、その日はもう信用取引をできませんでした。

たとえば、信用枠が３００万円だったとします。デイトレードで３００万円分の株をカラ売りしたら、もうその日は信用取引ができません。３００万円分の株を買い戻したとしても、すでに信用枠を使い果たしているので、信用取引ができないわけです。

しかし、２０１３年に法改正により、信用取引の制度が変わりました。なんと、１日の中で信用枠を無限に使いまわすことができるようになったのです。信用枠が３００万円だったとし、デイトレードで３００万円分の株をカラ売りしたとします。その日のうちに３００万円分の株を買い戻したら、また、３００万円分の信用取引ができます。決済すれば信用枠が何度でも回復するわけです。

これにより、資金が少なくても1日の売買代金を大きくすることができます。１００万円の証拠金で理論上は1日で1億円分の信用取引が可能になるわけです。

信用枠の使いまわしをメリットにするには？

1日の中で信用枠を無限に使いまわすことができる、ということは、すごいことです。しかし、これをメリットにするか（できるか）、デメリットにしてしまうかは、トレーダーしだいといえます。

メリットにするには、デイトレードで利益を出せるスキルが必要です。

デイトレードで利益を出せるスキルがなければ、1日の中で資金を何回転させても、資金は増えません。それどころか、回転させればさせるほど、資金が減っていくことになります。場合によっては、短期間で市場を撤退しなければならないでしょう。

デイトレードで利益を出せるスキルがあれば、1日の中で資金を回転させればさせるほど、資金が増えていくことになります。メリットにすることができるわけです。スキルしだいでは、数十万円の資金を短期間で1億円にすることも可能でしょう。

信用枠の使いまわしがメリットとして活かせるように、まずはデイトレードで利益を出せるスキルを身に付けましょう。

3 ギャップダウンした銘柄を狙う

では、ここからはデイトレードのカラ売り手法を紹介していきます。

狙うのは、ここでもギャップダウンした銘柄です。

再度、ギャップダウンから説明しましょう。

ギャップとは、前日の終値と当日の始値との間が空いている状態のこと。前日の終値に対して当日の始値が大きく下落すると間が空きます。この「間」が「ギャップ」。下にできたギャップなので、ギャップダウンです。

ちなみに、前日の終値に対して当日の始値が大きく上昇してギャップができると、ギャップアップといいます。

一般的には、寄り付きの時点で買い注文に対して売り注文が極端に多いと、ギャップダウンになります。

「前日の終値に対して当日の始値が大きく下落」「寄り付きの時点で買い注文に対して売り注文が極端に多い」ということからもわかるように、どちらかといえば「弱気」になっています。下落の流れに乗ってカラ売りをすれば、利益を得られる確率が高くなります。

ギャップダウン直後は反発しやすい

ギャップダウンした銘柄を狙っていくわけですが、安易にカラ売りをすると危険です。なぜなら、反発しやすいからです。

「そんなに下げるなら少しは反発するだろう」「そんなに安いなら買いたい」という人が現れ、株を買います。そのため、反発するわけです。

とくに以下の二つに該当する場合はギャップダウン後に反発しやすいといえます。

●相場全体が上昇傾向にあるとき

相場全体が上昇傾向にあるときは、トレーダーや投資家が強気なので、急落した銘柄を買ってきます。ギャップダウンしたのに前日の終値よりも上がってしまう、といったこともよくあります。

●直近で急騰した銘柄

また、直近で急騰した銘柄は「少しでも安く買いたい」と思っているトレーダーや投資家が多いので、ギャップダウンすると買われることが多いのです。

そのため、ギャップダウンしたからといって安易にカラ売りをすると、反発をくらって含み損を抱えることになってしまう可能性があります。注意が必要です。

4 移動平均線の割り込みと陰線出現がカギ

では、ギャップダウン銘柄のカラ売り手法について手順をまとめます。

以下のステップで進ます。

ステップ1……寄り付きで大きくギャップダウンした銘柄を探す。見つけたらステップ2へ

ステップ2……25日移動平均線を割り込んでいるか確認する。割り込んでいればステップ3へ

ステップ3……陽線で反発した後、陰線が出るのを待つ。陰線が出たらステップ4へ

ステップ4……次のローソク足の始値でカラ売りをする

もちろん、貸借銘柄、またはカラ売りができる銘柄というのが絶対条件になります。

寄り付きで大きくギャップダウンしても、日足で25日移動平均線を割り込んでいなければ除外します。

ギャップダウンの後、陽線での反発を待ちます。その後、陰線が出れば（ほとんどはどこかで出ます）、次のローソク足の始値あたりでカラ売りをします。

ギャップダウン銘柄を探す方法

では、ギャップダウンした銘柄はどのようにして探せばよいのでしょうか。

探す方法はいくつかあるのですが、著者の方法を二つ紹介しておきます。

方法1……寄り付き前に「寄り前気配／値下り率ランキング」で探す

方法2……寄り付き直後に「値下がり率ランキング」で探す

方法1は、ＱＵＩＣＫ情報の「寄り前気配　値下り率ランキング」を使って探します。このランキングはその名の通り、前日の終値に対して寄り付き前の気配値の値下がり率が大きい順に表示されるランキングです。全市場の40位まで表示されます。

これを見れば、ギャップダウンしそうな銘柄がわかります。

ただし、気配値は寄り付き直前に大きく変わることが多いので、このランキングに表示されている銘柄が絶対にギャップダウンするというわけではありません。寄り付き直前にランキングから消えてしまう銘柄もけっこうあります。逆に、寄り付き直前にランキングに入ってくる銘柄もあるわけです。あくまでも、「ギャップダウンしそうな銘柄」として捉えておきます。

ちなみに著者は、「寄り前気配／値下り率ランキング」は松井証券のＱＵＩＣＫ情報で見ています。

口座を開設していれば無料で見られるはずです。8時30分からランキングが稼動するようです。

方法2は、当日の値下がり率ランキングを使って探す、というものです。寄り付き直後に値下がり率ランキングを見て、ギャップダウンした銘柄を探すわけです。

前日の終値と当日の始値を比較すればギャップダウンしたかどうかわかります。差があればギャップダウンしています。

前日の終値と当日の始値を比較しないで、直接、日中足チャートを見て確認してもよいでしょう。前日の日中足も表示されるチャートであれば、一目でギャップダウンしたかどうかがわかります。

こちらも、松井証券のＱＵＩＣＫ情報で見られますが、楽天証券のマーケットスピードのような「リアルタイム・自動更新」のランキングのほうが便利です。

「寄り前気配 値下り率ランキング」で探す

寄り前気配 値下り率ランキング

前日の終値に対して、寄り付き前の気配値の値下がり率が大きい順に表示されるランキング

■寄り前気配　値下り率ランキング　前場 08/21

↓21 ～ 40

	コード	銘柄名	市場	値下り率	寄り前最良売気配		直近終値
1	4462	石原ｹﾐｶﾙ	東証２部	-22.54%	1371	08:50	1770.0
2	5413	日新製鋼	東証１部	-12.33%	1251	08:50	1427.0
3	6923	ｽﾀﾝﾚ電	東証１部	-9.86%	3245	08:50	3600.0
4	6327	北川精機	東JQS	-9.43%	509	08:50	562.0
5	2228	シベール	東JQS	-8.51%	3010	08:50	3290.0
6	1322	上場ﾊﾟﾝﾀ	東証	-8.11%	4815	08:42	5240.0
7	3931	ﾊﾞﾘｭｺﾞﾙﾌ	東証M	-7.96%	1654	08:50	1797.0
8	2151	タケエイ	東証１部	-7.10%	1047	08:50	1127.0
9	4406	日理化	東証１部	-6.99%	266	08:50	286.0
10	9976	ｾｷﾁｭｰ	東JQS	-6.97%	667	08:21	717.0
11	7570	橋本総HD	東証１部	-6.62%	1466	08:49	1570.0
12	7994	岡村製	東証１部	-6.31%	1010	08:50	1078.0
13	4764	SAMURAI	東JQG	-6.29%	1221	08:50	1303.0
14	2721	ＪＨＤ	東JQS	-6.26%	853	08:50	910.0
15	5936	洋 ｼﾔﾀ	東証１部	-6.23%	602	08:50	642.0
16	2148	ＩＴＭ	東証M	-5.92%	651	08:49	692.0
17	8278	フ　ジ	東証１部	-5.52%	2670	08:50	2826.0
18	6586	マキタ	東証１部	-5.44%	4085	08:50	4320.0
19	4116	大日精	東証１部	-5.39%	1000	08:50	1057.0
20	3138	富士マガ	東証M	-5.29%	2650	08:50	2798.0

POINT 「寄り前気配 値下り率ランキング」を見れば、ギャップダウンしそうな銘柄が簡単にわかる

5 実例解説 IDOM（東証1部7599）

では、ギャップダウン銘柄のカラ売りデイトレードについて、実例を使って説明していきましょう。

次ページのチャートはＩＤＯＭ（東証１部７５９９）の5分足と日足です。

ステップ1……上段のチャートのＡのところを見てください。始値は６８６円です。前日の終値は７６９円なので、寄り付きで大きくギャップダウンしたわけです

ステップ2……下段のチャートのＢのところを見てください。ここが当日の寄り付きです。25日移動平均線を割り込んでいます

ステップ3……上段のチャートのＣのところで、陽線による反発後の陰線が出ました

ステップ4……次のローソク足の始値であるＤのところでカラ売りをします

売値は６８０円。カラ売り後、６５５円まで下落しました。

実際のトレードでは、Ｅのあたりで利食いしたほうがいいでしょう。含み益が一気に増えたタイミング（カラ売りの場合は急落したタイミング）で、深追いせずに利食いするのがデイトレードで勝つコツです。

実例解説

IDOM

IDOM（東証1部7599） 5分足チャート

IDOM（東証1部7599） 日足チャート

6 実例解説 北越工業（東証1部6364）

次ページのチャートは北越工業（東証1部６３６４）の5分足と日足です。

ステップ1……上段のチャートのＡのところを見てください。始値１０３３円です。前日の終値は１０７４円なので、寄り付きで大きくギャップダウンしたわけです

ステップ2……下段のチャートのＢのところを見てください。ここが当日の寄り付きです。25日移動平均線を割り込んでいます

ステップ3……上段のチャートのＣのところで、陽線による反発後の陰線が出ました

ステップ4……次のローソク足の始値であるＤのところでカラ売りをします

売値は１０３１円。カラ売り後、９５７円まで下落しました。

日足チャートでわかるように、前日も大きく下落しています。その割には、ギャップダウン後の反発はわずか。こういった場合はかなり弱気なので、リバウンド狙いの買いではなく、カラ売りで狙っていったほうが有利です。

実例解説

北越工業

北越工業（東証1部6364） 5分足チャート

北越工業（東証1部6364） 日足チャート

7 実例解説 サイバーエージェント（東証1部4751）

ギャップダウン銘柄のカラ売りデイトレードについて、もう一つだけ実例を使って説明します。

次ページのチャートはサイバーエージェント（東証１部４７５１）の５分足と日足です。

ステップ１……上段のチャートのAのところを見てください。始値３４９５円です。前日の終値は３７４５円なので、寄り付きで大きくギャップダウンしたわけです

ステップ２……下段のチャートのBのところを見てください。ここが当日の寄付きです。25日移動平均線を割り込んでいます

ステップ３……上段のチャートのCのところで、陽線による反発後の陰線が出ました

ステップ４……次のローソク足の始値であるDのところでカラ売りをします

売値は３４８５円。カラ売り後、３３７５円まで急落しました。

デイトレーダーに人気がある銘柄なので、ギャップダウン後は下ヒゲと陽線でしっかりと反発していますが、長めの陰線（Cのローソク足）で反発を抑えられた後は下落しました。

実例解説

サイバーエージェント

サイバーエージェント（東証1部4751） 5分足チャート

サイバーエージェント（東証1部4751） 日足チャート

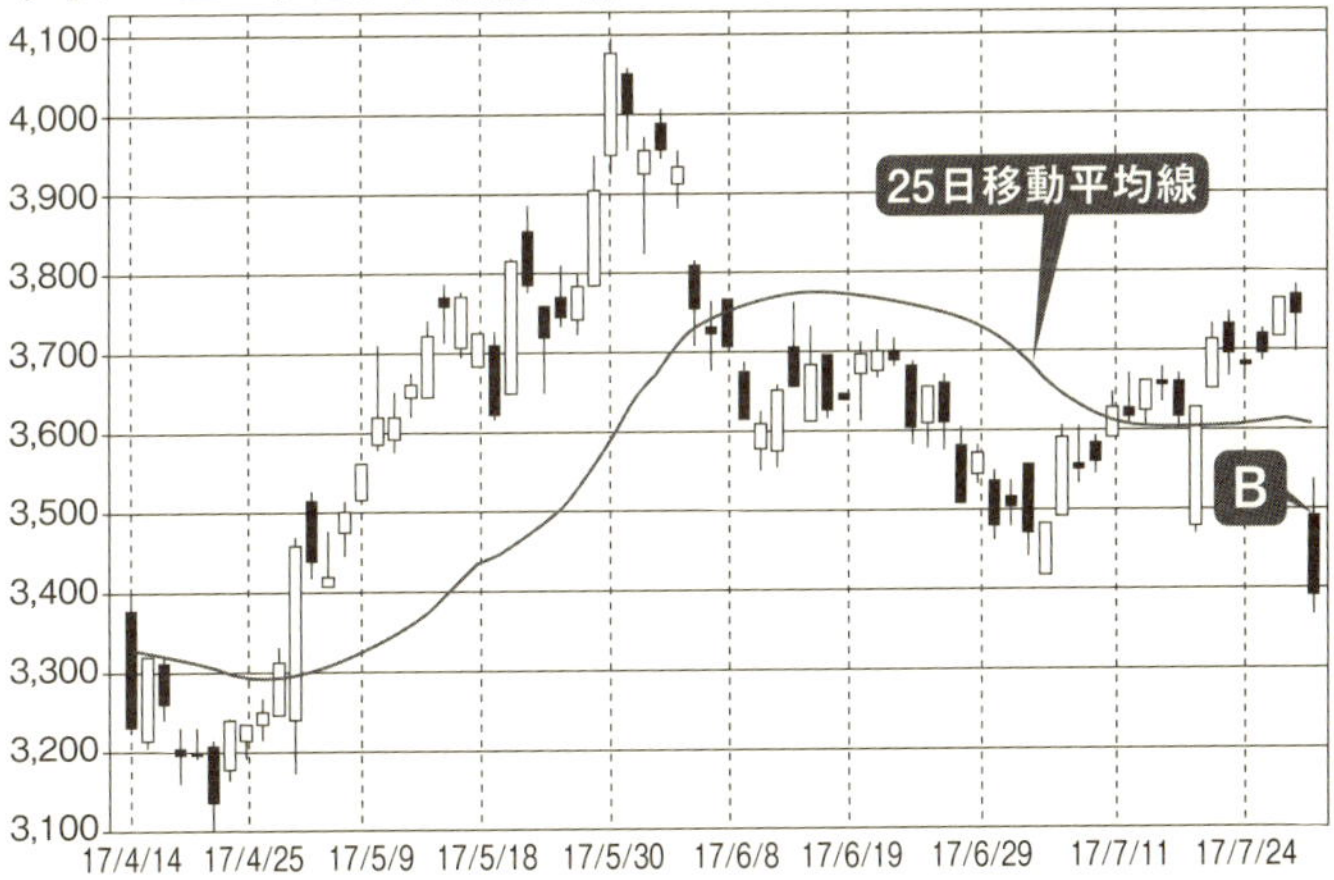

8 ギャップが大きい場合は注意が必要

ギャップダウンのギャップが大きいほど、買い注文に対して売り注文が多かったということであり、それだけ「弱気」ということです。カラ売りに適しているといえます。

ただし、ギャップが大き過ぎる場合は、（陰線が出た後の）下げ幅が小さくなってしまうことも多いので、注意が必要です。とくに、ストップ安近辺で寄った場合は下げ幅がかぎられているので、見送りましょう。

一つ例を挙げておきます。次ページのチャートはメディアドゥ（東証１部３６７８）の５分足と日足です。上段のチャートのAのところを見てください。始値は２２９４円です。前日の終値は２７９４円。ということは、値幅制限いっぱいで寄り付いたことになります。かろうじて、ストップ安にならなかったわけです。その後、Bのところで陰線が出ました。カラ売りをするとしたら、売値は２３４０円。もし、カラ売りをしていたとしたら、すぐ反発をくらっていたことでしょう。売値よりも下がる場面はありましたが、その値幅は40円ほどでした。このように、ストップ安近辺で寄った場合は下げ幅がかぎられてしまうことが多いので、見送りましょう。

実例解説

メディアドゥ

メディアドゥ（東証1部3678）5分足チャート

メディアドゥ（東証1部3678）日足チャート

9 演習問題 アンリツ（東証1部6754）

問題

次ページのチャートは、アンリツ（東証1部6754）の5分足と日足です。

ギャップダウンからのカラ売りデイトレード手法でエントリーできるところがあります。

それはどこでしょうか。

ヒント

ギャップダウンからどのようなローソク足が出ればカラ売りのタイミングなのかを理解していれば、すぐにわかるはずです。

演習問題

アンリツ

アンリツ（東証1部6754）5分足チャート

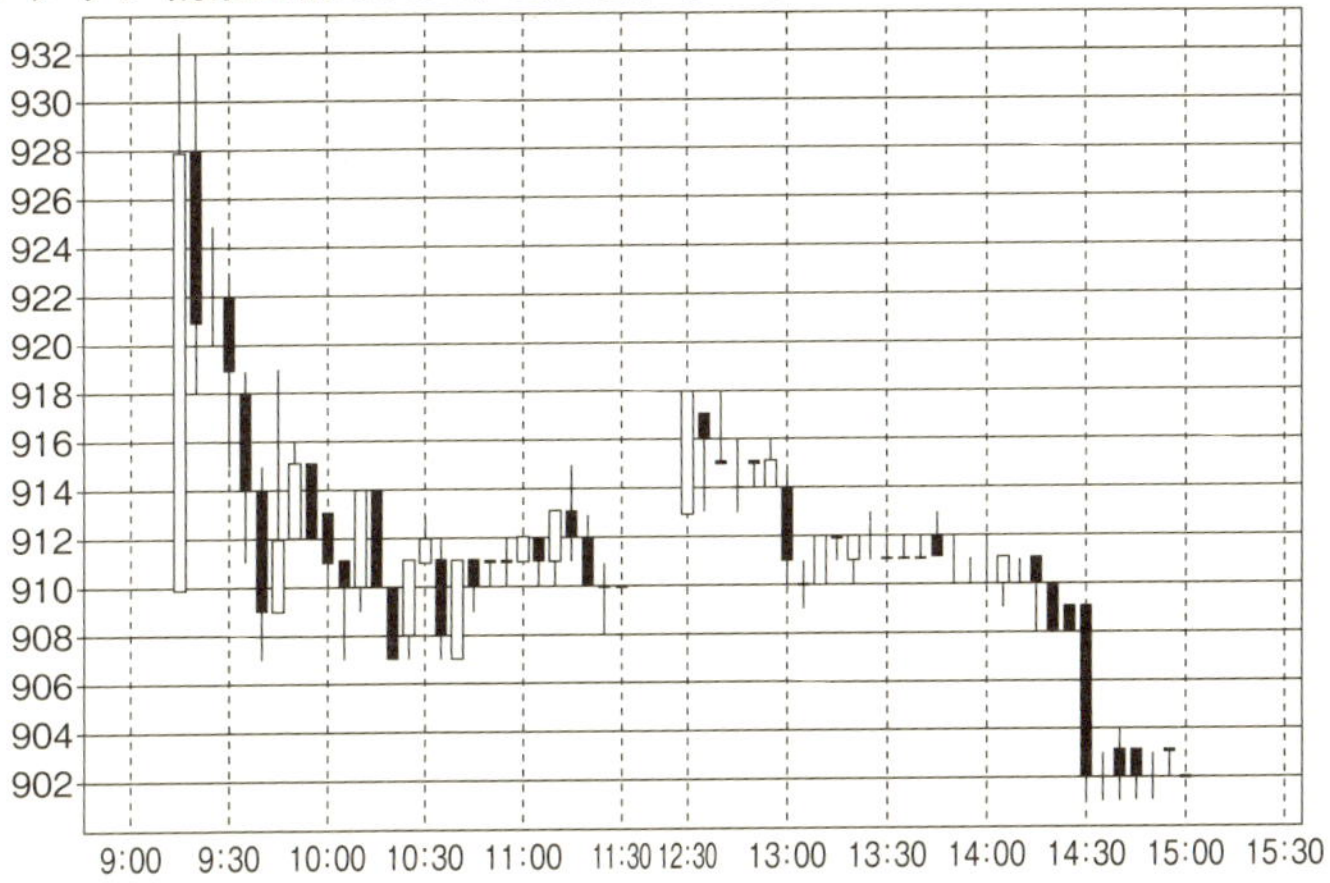

アンリツ（東証1部6754）日足チャート

解答

Ｄのところ

解説

ギャップダウンの後、陰線が出ればカラ売りのタイミングです。これを理解していれば、すぐにわかったと思います。

ステップ1……上段のチャートのＡのところを見てください。始値は９１０円です。前日の終値は９９９円なので、寄り付きで大きくギャップダウンしたわけです

ステップ2……下段のチャートのＢのところを見てください。ここが当日の寄り付きです。25日移動平均線を割り込んでいます

ステップ3……上段のチャートのＣのところで、陽線による反発後の陰線が出ました

ステップ4……次のローソク足の始値であるＤのところでカラ売りをします

売値は９２２円。カラ売り後、大引け前に９０１円まで下落しました。

実際のトレードではＥのローソク足あたりで利食いしましょう。

解答 アンリツ

アンリツ(東証1部6754) 5分足チャート

アンリツ(東証1部6754) 日足チャート

10

演習問題

日立金属（東証１部５４８６）

問題

次ページのチャートは、日立金属（東証１部５４８６）の５分足と日足です。

ギャップダウンからのカラ売りデイトレード手法でエントリーできるところがあります。

それはどこでしょうか。

ヒント

カラ売りのタイミングを見極める条件を理解していれば、すぐにわかるはずです。

忘れてしまった人は１１２ページをもう一度、読んでから解きましょう。

演習問題

日立金属

日立金属（東証1部5486） 5分足チャート

日立金属（東証1部5486） 日足チャート

解答

Dのところ

解説

これも簡単だったと思います。

ステップ1……上段のチャートのAのところを見てください。始値は1569円です。前日の終値は1687円なので、寄り付きで大きくギャップダウンしたわけです

ステップ2……下段のチャートのBのところを見てください。ここが当日の寄り付きです。25日移動平均線を割り込んでいます

ステップ3……上段のチャートのCのところで、陽線による反発後の陰線が出ました

ステップ4……次のローソク足の始値であるDのところでカラ売りをします

売値は1593円。カラ売り後、すぐに急落。その後も、順調に下落し、1526円の安値を付けました。ただし、Cの陰線が短いので、「戻りをしっかりと抑えられた」とはいえないので、この後に反発することもあります。

解答　日立金属

日立金属（東証1部5486）5分足チャート

日立金属（東証1部5486）日足チャート

6章

ダブルトップでのカラ売り手法

1 週足チャートを使った時間軸の長いカラ売り手法

この章では、週足チャートを使ったカラ売り手法を紹介します。

手法はいくつかあるのですが、ここでは「チャートパターン」を使ったものを紹介します。

チャートパターンとは、「複数のローソク足からできる特定の形」です。

その中で、株価が下落しやすいパターンというのはいくつかあるのですが、「ダブルトップ」がわかりやすいと思います。

ダブルトップとは、二つの高値とその間に一つの安値（わずかな下落）で形成されるチャートパターン。

先にできた高値よりも後からできた高値のほうが低い場合、上昇の勢いが弱まっている可能性が高く、下落しやすくなります。

ダブルトップでの「売りシグナル」は、厳密にいうと、株価が「ネックライン」を割り込んだ時点で発生します（次ページ参照）。しかし、それではカラ売りをするタイミングが遅くなってしまうので、これから紹介する手法ではネックラインを割り込む前にカラ売りをします。

ダブルトップとは？

ダブルトップとは？

2つの高値とその間に1つの安値（わずかな下落）で形成されるチャートパターン

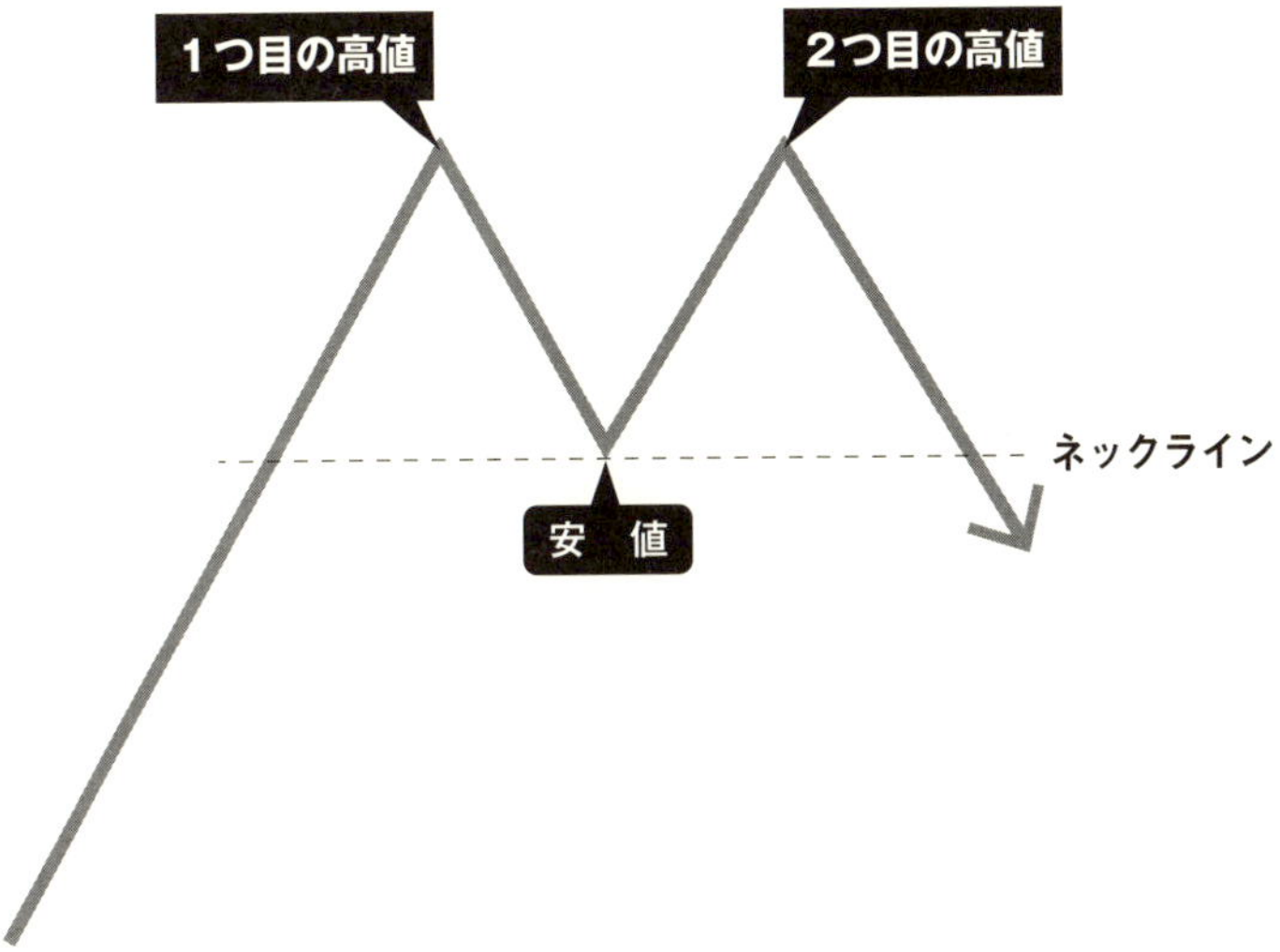

本来は株価が「ネックライン（安値のライン）」を割り込んだ時点で売りシグナルが発生

POINT **ネックラインを割り込んでからでは売り建てのタイミングが遅くなってしまうので、その前に売り建てる**

2 ダブルトップが売りのシグナル

では、ダブルトップでのカラ売り手法について具体的な手順を説明します。

ダブルトップでのカラ売り手法

ステップ1……大きく上昇し、株価が移動平均線から大きく離れる。ステップ2へ

ステップ2……一旦、下落。ステップ3へ

ステップ3……切り替えして前回の高値近辺まで上昇する。ステップ4へ

ステップ4……前回の高値を抜かないで下落し、終値が13週移動平均線を割り込む。ステップ5へ

ステップ5……翌週の寄り付きでカラ売りをする

なるべく、ダブルトップだとはっきりわかる株をカラ売りしたほうがいいです。「はっきりわかる」ということは、多くのトレーダー・投資家もダブルトップだと気づいているので、それだけ下がりやすくなります。

逆に、はっきりとわからない場合は、多くのトレーダー・投資家も気づいていないので、やめたほうがいいでしょう。

該当銘柄を探すコツ

探し方のコツは、チャート誌を使って短時間で多くの銘柄のチャートを見ることです。チャート誌については、187ページで説明します。ここでは、「最新のチャートを掲載した雑誌」と思っていてください。

チャート誌の中には週足チャートを掲載したものがあります。土曜日にその週までの週足を掲載したものが刊行されます。全銘柄のチャートが掲載されているので、リズムよくページを捲っていけば、数多くの銘柄を短時間で見ることができます。ダブルトップの部分だけを見ていくのであれば、2、3時間もあれば十分でしょう。

口座を開設している証券会社の管理画面でもチャートを見ることができますが、2、3時間で全銘柄のチャートを見るのは難しいでしょう。

チャートのチェックは毎週しなくてもかまいません。月に1回程度、チャート誌で全銘柄のチャートをチェックし、ダブルトップになりそうな銘柄をリストアップしておきます。あとは、週末にインターネットで「終値が13週移動平均線を割り込んでいないか」チェックすればいいでしょう。

3 実例解説 コーセー（東証1部4922）

では、ダブルトップでのカラ売り手法について、実例を使って説明しましょう。

次ページのチャートは、コーセー（東証1部4922）の週足チャートです。

ステップ1……Aのところを見てください。大きく上昇し、株価が移動平均線から大きく離れています

ステップ2……Bのところで、株価は一旦、下落しています

ステップ3……その後、切り替えし、Cのところで、前回の高値近辺まで上昇しています

ステップ4……Dのところで、前回の高値を抜かないで下落し、終値が13週移動平均線を割っています

ステップ5……翌週の寄り付きであるEのところで、カラ売りします

売値は1万1220円。カラ売りをした後、戻る場面もありましたが、移動平均線に叩かれる形で再び下落。7700円の安値を付けました。

実例解説 コーセー

コーセー(東証1部4922)週足チャート

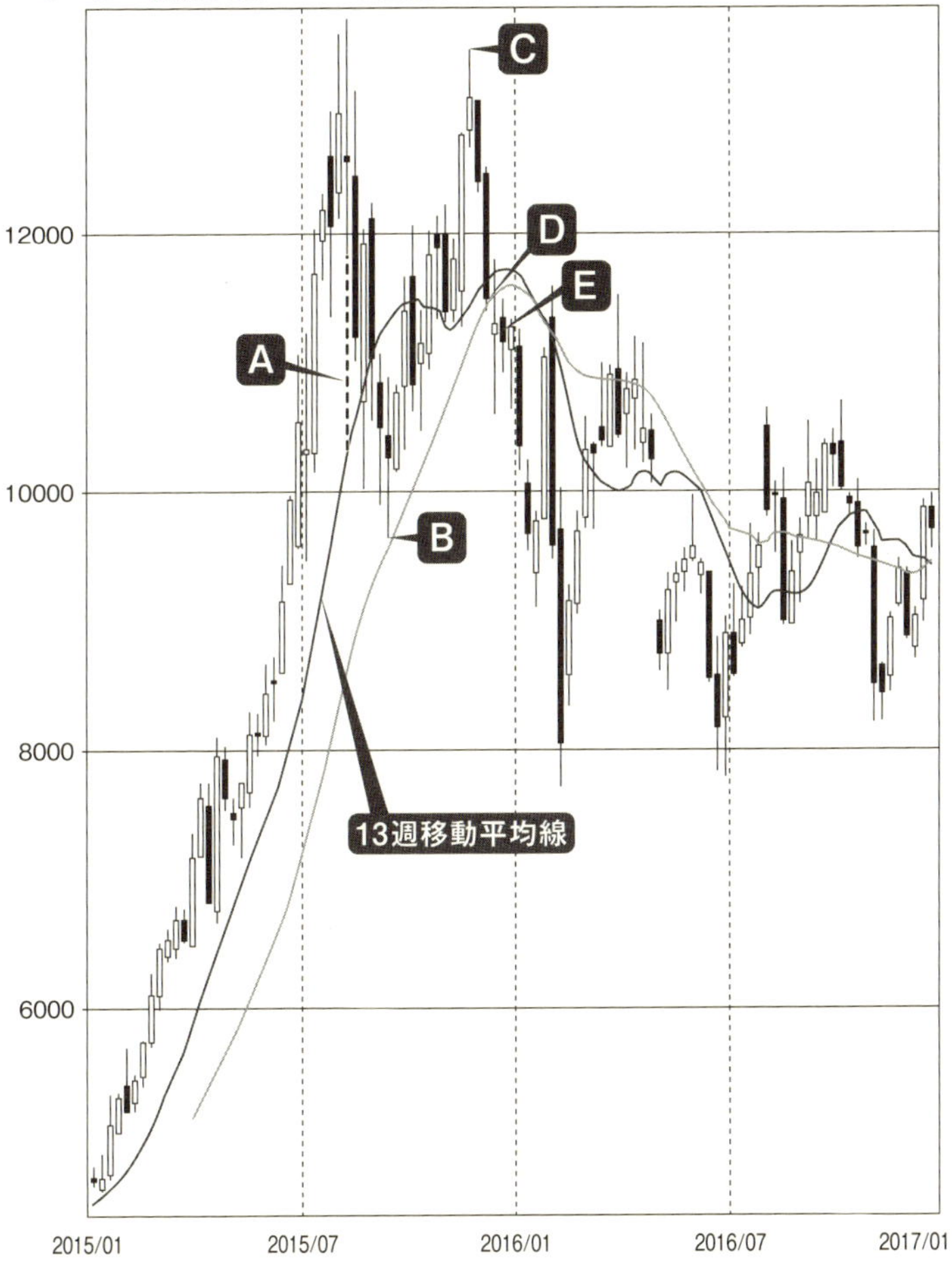

4 実例解説 カルビー（東証1部2229）

ダブルトップでのカラ売り手法について、もう一つだけ実例を使って説明しましょう。

次ページのチャートは、カルビー（東証1部2229）の週足チャートです。

ステップ1……Aのところを見てください。大きく上昇し、株価が移動平均線から大きく離れています

ステップ2……Bのところで、株価は一旦、下落しています

ステップ3……その後、切り替えし、Cのところで、前回の高値近辺まで上昇しています

ステップ4……Dのところで、前回の高値を抜かないで下落し、終値が13週移動平均線を割っています

ステップ5……翌週の寄り付きであるEのところで、カラ売りします

売値は4940円。カラ売りをした後、急落して3745円の安値を付けました。

若干、AからBまでの値幅が大きいのですが、ダブルトップの形がはっきりしているので、問題ありません。

実例解説

カルビー

カルビー(東証1部2229)週足チャート

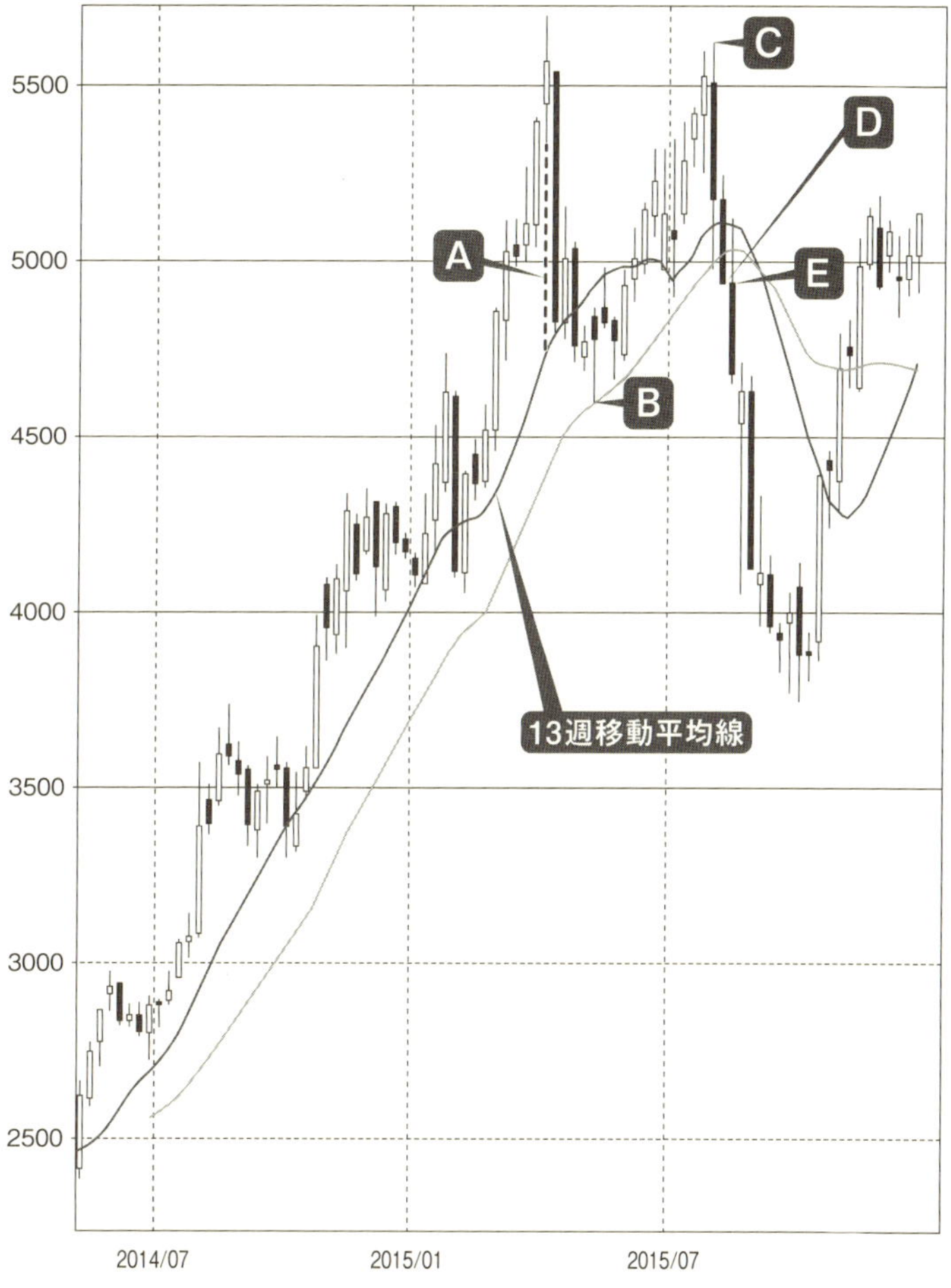

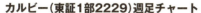

5 演習問題

協和発酵キリン（東証１部４１５１）

問題

次ページのチャートは、協和発酵キリン（東証１部４１５１）の週足チャートです。ダブルトップでのカラ売り手法で、エントリーできるところはどこでしょうか。

ヒント

まずはチャートの最高値を見つけ、そこから株価の動きを追っていきましょう。安値（ネックラインを引く位置）までが深い形なので、注意してください。

演習問題

協和発酵キリン

協和発酵キリン(東証1部4151) 週足チャート

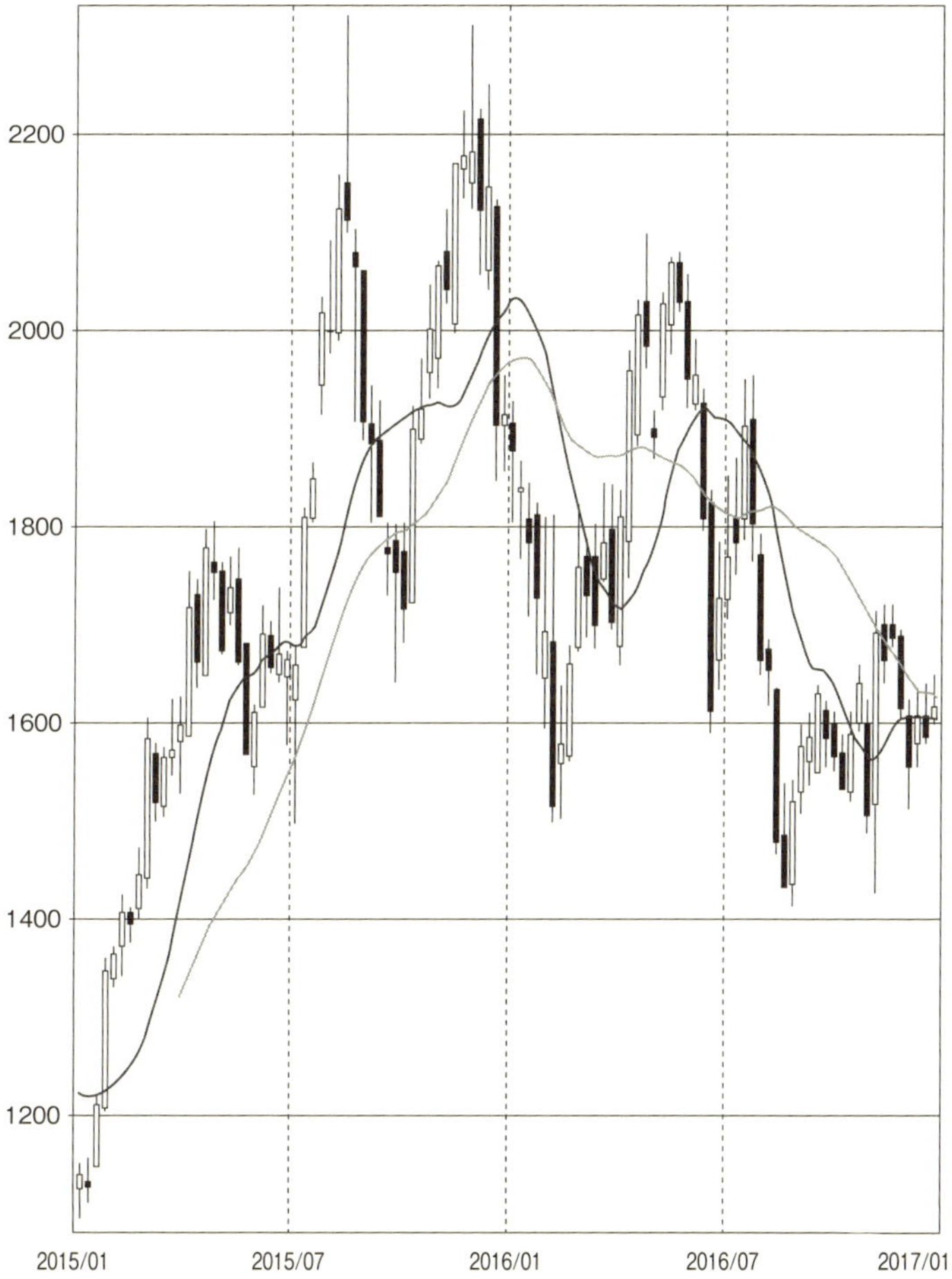

解答

Eのところ

解説

簡単な問題なので、すぐにわかったと思います。

ステップ1……Aのところを見てください。大きく上昇し、株価が移動平均線から大きく離れています

ステップ2……Bのところで、株価は一旦、下落しています

ステップ3……その後、切り替えし、Cのところで、前回の高値近辺まで上昇しています

ステップ4……Dのところで、前回の高値を抜かないで下落し、終値が13週移動平均線を割っています

ステップ5……翌週の寄り付きであるEのところで、カラ売りします

売値は1903円。カラ売りした後、ジワジワと下落して1499円の安値を付けました。ヒントのところでは「チャートの最高値を見ましょう」と書きましたが、実際のトレードでは「直近の高値」になります。

解答　協和発酵キリン

協和発酵キリン(東証1部4151) 週足チャート

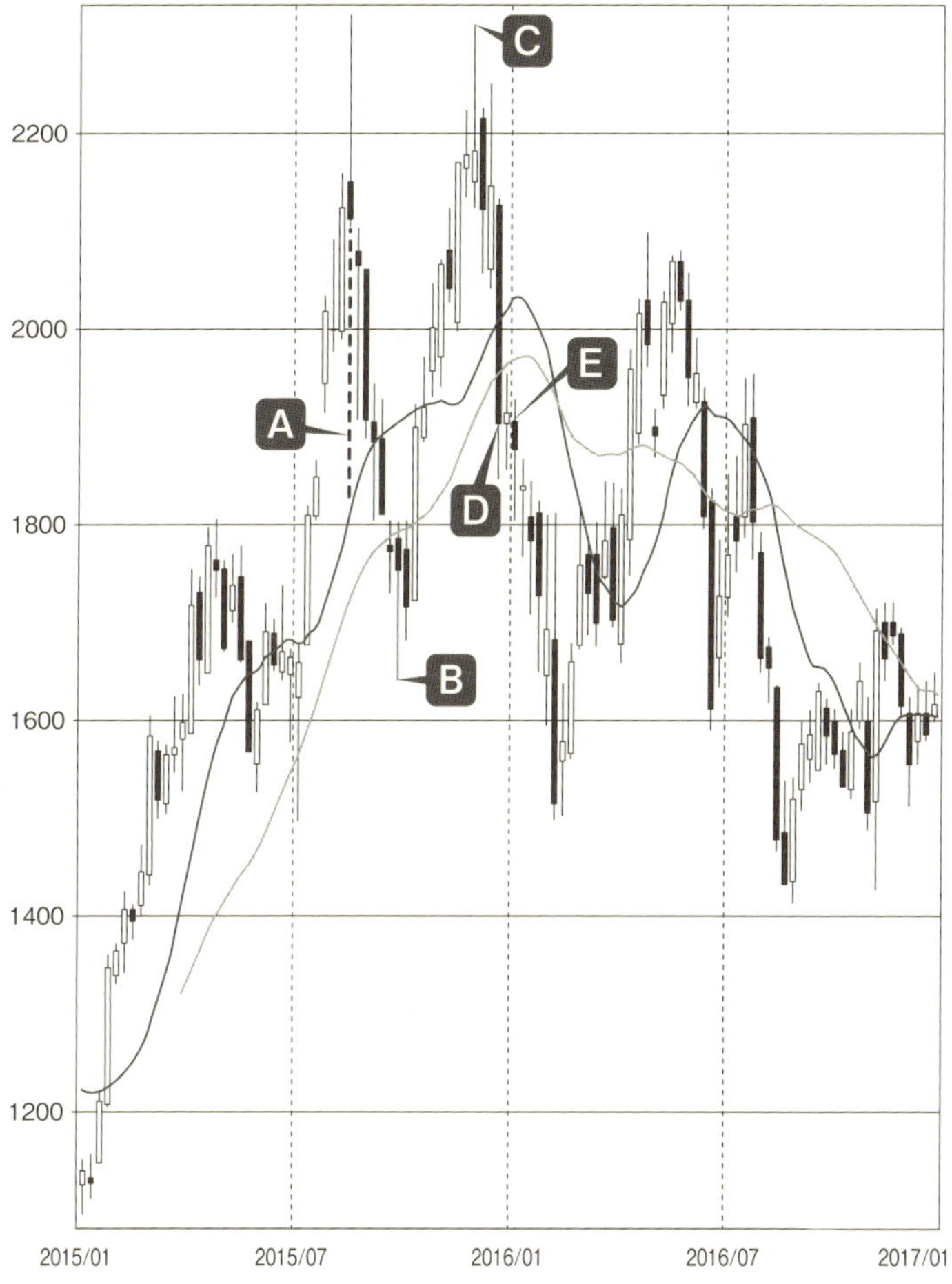

7章

長い上ヒゲによるカラ売り手法

1 極端に長い上ヒゲもシグナルになる

ここまで、カラ売りの手法をいくつか紹介してきました。

初心者にとっては少し難しい内容もあったかもしれません。

しかし、じつはカラ売りは、けっこう簡単な手法でも利益を得られることがあります。

最後に、とくに簡単な手法を一つ紹介しておきましょう。チャートは週足を使います。

ステップ1……大きく上昇し、株価が移動平均線から大きく離れる。ステップ２へ

ステップ2……極端に長い上ヒゲ、実体部分が極端に短いローソク足が出る。ステップ３へ

ステップ3……翌週の寄り付きでカラ売りをする

たったこれだけです。

株トレードの経験がそこそこある人は、「それで勝てるのか」「今どき、上ヒゲだけでカラ売りする人はいないだろう」と思ったことでしょう。

そういった方は、一度、ゴールデンチャート社の週足集（後述）を買って、調べてみてください。該当する箇所を見つけ、その後の株価の動きを見ましょう。

下がりやすい。そうわかったはず。

上ヒゲは売り圧力の強さを表します。上ヒゲが出たということは、一旦、上昇しています。しかし、売りが出て、株価が押し戻されてしまったわけです。

極端に長い上ヒゲが出たということは、大きく上昇したが、売り圧力が強くて大きく押し戻されてしまったということです。

この極端に長い上ヒゲを持つローソク足で、売り圧力の強さがわかってしまったので、買う人が極端に減ってしまいます。そのため、株価が下がりやすくなると考えられます。

また、実体部分が極端に短いということは、週の寄り付きに対して週の終値が、「たいして上がらなかった（陽線の場合）」「少し下がった（陰線の場合）」ということを表します。高値まで大きく上昇したのに、その上げ幅がほとんどなくなってしまったわけです。これも売り圧力が強かったことを表しています。

売り圧力が強いことを見極めたうえで、カラ売りをするわけです。

2 実例解説 小野薬品工業（東証1部4528）

では、極端に長い上ヒゲでのカラ売り手法について、実例を使って説明しましょう。
次ページのチャートは、小野薬品工業（東証1部4528）の週足チャートです。
ステップ1……Aのところを見てください。株価が大きく上昇し、移動平均線から大きく離れています
ステップ2……Bのところを見てください。極端に長い上ヒゲ、実体部分が極端に短いローソク足が出ました
ステップ3……次のローソク足の寄り付きでカラ売りします
売値は4965円。カラ売り後、株価は少し上昇しましたが、これはロスカットするほどではありません。その後、下落し、2541円の安値を付けました。

実例
解説

小野薬品工業

小野薬品工業(東証1部4528)週足チャート

3 実例解説 ロート製薬（東証1部4527）

極端に長い上ヒゲでのカラ売り手法について、もう一つ実例を使って説明しましょう。
次ページのチャートは、ロート製薬（東証１部４５２７）の週足チャートです。

ステップ1……Ａのところを見てください。株価が大きく上昇し、移動平均線から大きく離れています

ステップ2……Ｂのところを見てください。極端に長い上ヒゲ、実体部分が極端に短いローソク足が出ました

ステップ3……次のローソク足の寄り付きでカラ売りします

売値は２２２０円。カラ売り後、株価は少し上昇しましたが、これもロスカットするほどではありません。その後、急落し、１７３５円の安値を付けました。

手法の条件に該当する前、実体部分の短いローソク足に上ヒゲが出ていますが、どれも「極端に長い」とはいえません。「上ヒゲが出た」というだけでカラ売りすると、踏み上げられて含み損が出てしまうので注意してください。

実例解説

ロート製薬

ロート製薬（東証1部4527）週足チャート

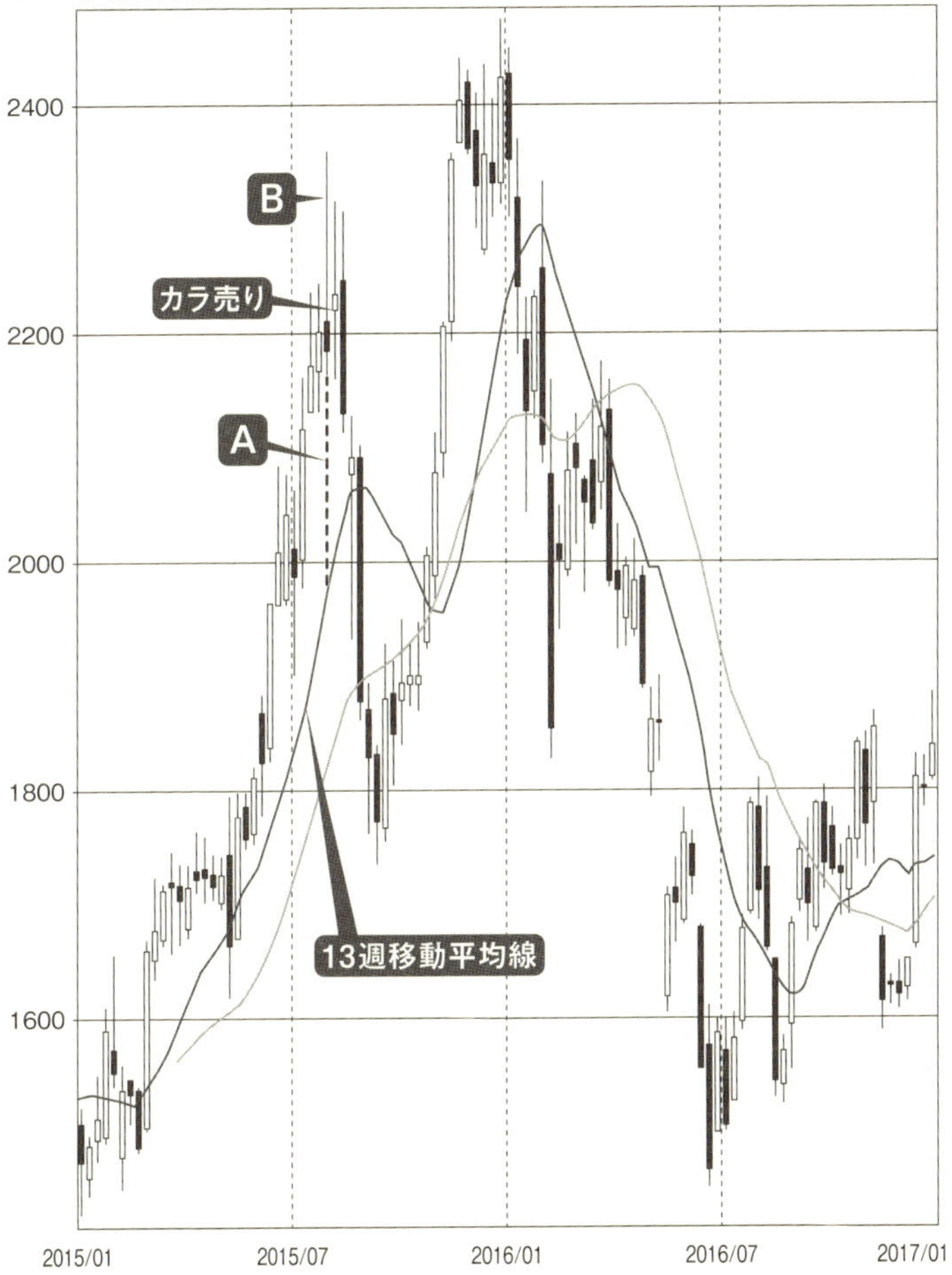

4 演習問題

持田製薬（東証1部4534）

問題

次ページのチャートは、持田製薬（東証１部４５３４）の週足チャートです。
極端に長い上ヒゲでのカラ売り手法で、エントリーできるところはどこでしょうか。

ヒント

チャートを見て、極端に長い上ヒゲを探しましょう。
一瞬でわかると思います。

演習問題

持田製薬

持田製薬（東証1部4534）週足チャート

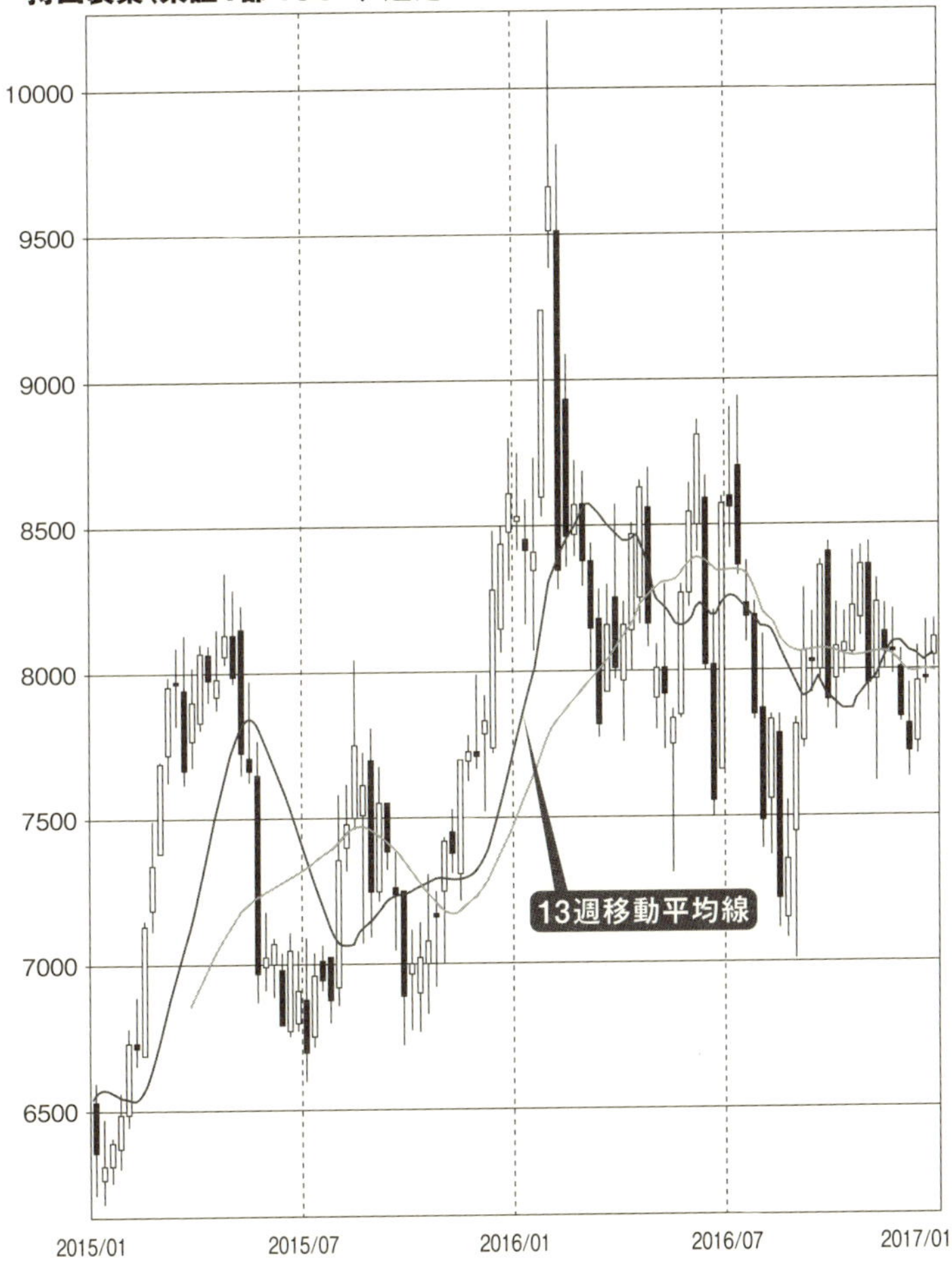

解答

Cのところ

解説

簡単な問題なので、すぐにわかったと思います。

ステップ1……Aのところを見てください。株価が大きく上昇し、移動平均線から大きく離れています

ステップ2……Bのところを見てください。極端に長い上ヒゲ、実体部分が極端に短いローソク足が出ました

ステップ3……次のローソク足の寄り付きでカラ売りします

売値は9510円。カラ売りしたその週に急落しています。このように、13週移動平均線から大きく離れていたのに、一気に13週移動平均線まで急落した場合は、利食いしてしまいます。一旦、反発する可能性が高いからです。

解答　持田製薬

持田製薬（東証1部4534）週足チャート

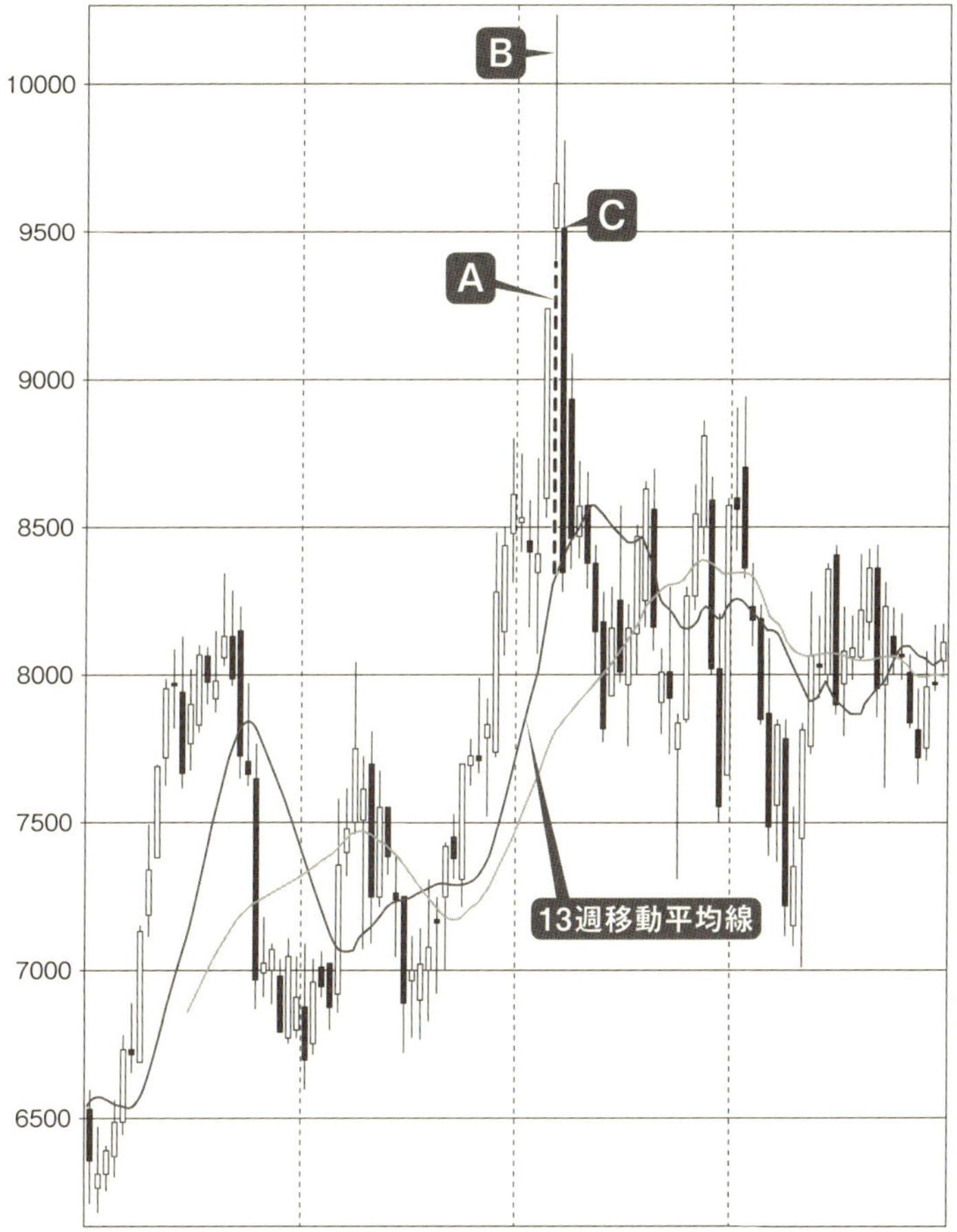

5 演習問題 日医工（東証1部4541）

問題

次ページのチャートは、日医工（東証1部4541）の週足チャートです。極端に長い上ヒゲでのカラ売り手法で、エントリーできるところはどこでしょうか。

ヒント

チャートを見て、極端に長い上ヒゲを探しましょう。最高値近辺を見れば、すぐにわかると思います。

演習問題

日医工

日医工（東証1部4541）週足チャート

解答

Cのところ

解説

これも簡単な問題なので、すぐにわかったと思います。

ステップ1……Aのところを見てください。株価が大きく上昇し、移動平均線から大きく離れています

ステップ2……Bのところを見てください。極端に長い上ヒゲ、実体部分が極端に短いローソク足が出ました

ステップ3……次のローソク足の寄り付きでカラ売りします

売値は4200円。カラ売りしたその週に少し反発していますが、ロスカットするほどではありません。その後、急落し、下降トレンドになりました。

解答　日医工

日医工（東証1部4541）週足チャート

8章

カラ売りのロスカットと利食い

1 怖いと思うことは、とても大事なこと

41ページで、「怖いと思うことは、とても大事なことです」と述べました。「なんだかよくわからないけど、怖い」というのではなく、リスクを知った上で怖いと思うのはよいことなのです。

株トレードや株式投資で大切なのは、1回の取引で大損しないことです。1回の取引で大損しないためには、リスクをコントロールする必要があります。そのためには、リスクに対して敏感であったほうがいいと思います。トレードのリスクを怖いと思い、リスクに対して敏感であるということは、けっして悪いことではなく、むしろ、よいことなのです。

トレードの恐怖を克服

では、著者はトレードに対して怖いと思っているのでしょうか。正直、最近はあまり怖いと思っていません。怖いと思うときはありますが、かなり少なくなりました。

しかし、それは鈍感になったからではありません。

自分でもはっきりとはわかりませんが、おそらく、以下の理由からだと思います。

●リスクの小さい局面がわかるようになったから

●リスクをコントロールできるようになったから

一つ目の理由としては、リスクの小さい局面がわかるようになったからです。トレードの経験を積み上げたことやトレードの研究を継続してきたことで、リスクの小さい局面がわかるようになりました。「ここからは、それほど上がらない」「ここから上がったとしても、ここまで」と、わかるときがあります。

リスクが小さいとわかっているわけですから、怖いと思うことはありません。

二つ目の理由としては、リスクをコントロールできるようになったからです。

これは、あとで説明する「ロスカット」がきちんとできるようになったということです。タイミングに迷ったり、遅らせたりすることなく、損切りができるようになった。そのため、「含み損が出たらロスカットすればいいだけ」という気持ちがあるので、あまり怖いとは思わなくなったわけです。

リスクに対して「鈍感になったから」ではなく、「克服したから」といえます。

リスクの小さい局面がわかるようになるには、かなりの時間がかかるでしょう。

しかし、リスクをコントロールできるようになるには、努力しだいでそれほど時間がかからないでしょう。読者の方がすぐに、ということも可能です。

2 ロスカットとは?

先にも述べたとおり、株価には上限がありません。どこまで上がるかわからないといえます。

ですから、カラ売りして含み損が出た株をそのままにしてはいけません。損失額がいくらになるかわからないからです。もちろん、損失額が拡大すれば、追証が発生し、それを入金できなければ、強制的に決済されるので、損失額が「無限」に拡大することはないといえます。

いずれにせよ、含み損が出ている建て玉を放置してはいけないのです。

では、建て玉に含み損が出たらどうすればよいのでしょうか。

その答えは、すでに何回も出てきています。ロスカットです。建て玉に含み損が出たら、ロスカットすればよいのです。

ロスカットとは、損切りのこと。含み損が出ている持ち株、または建て玉を決済して損失額を確定させることです。

たとえば、株価５００円でカラ売りをしたとします。その後、５２０円まで値上がり。

含み損も拡大してきたので、利益をあきらめ、買い戻す。こういったトレードがロスカットです。

ロスカットのメリットとデメリットを簡単にまとめましょう。

メリット

- **決済してしまうので、その後、損失額が拡大することはない**
- **決済するので、資金が使い回せる（資金効率がよい）**

デメリット

- **決済してしまうので、その後、損失額が減らないし、利益が出ることもない**

ロスカットの適切なタイミングは？

あるトレーダーのブログを読んでいたら、「（含み損の拡大に）耐えられなくなり、ロスカットしました」というようなことが書かれていました。

しかし、損失額はかなりの金額。こういった決済をロスカットといえるのかどうか。

著者にすれば、ロスカットは「早い段階での見切り」です。遅い段階、損失が拡大した後での決済は、ロスカットだと思っていません。含み損が小さいうち（少ないうち）に見切りをつけるから、意味があるのです。

では、ロスカットの適切なタイミングはいつなのでしょうか。

じつは、この答えは大変難しいのです。

なぜなら、ロスカットのタイミングは、それぞれのトレーダーや投資家によって異なるからです。それぞれ、資金量、トレードスパン、狙っている値幅、手法などが異なります。

たとえば、資金が30万円の人と資金が1億円の人では、取れるリスクが異なります。また、短期トレードの人ととくに期限を決めていない人とでは、取るリスクが異なります。

そのため、一概にこのタイミングがよいとはいえません。ロスカットのタイミングは、各自で決めなくてはならないわけです。

タイミングの決め方

では、タイミングはどのようにして決めればよいのでしょうか。

基準にするのは、「値幅」「含み損の額」「チャートの形」「指標」のどれかがよいと思います。

1. 値幅で決める

これは、「株価が何円動いたら」で決めます。たとえば、カラ売りの場合、「建値から20円上がったらロスカットする」というように決めるわけです。

ロスカットのタイミングが簡単にわかるので、初心者向けです。

2. 含み損の額で決める

これは、「含み損がいくらになったら」で決めます。たとえば、「含み損が2万円になったらロスカットする」というように決めるわけです。

これも、ロスカットのタイミングが簡単にわかるので、初心者向けです。

3. チャートの形で決める

これは、「チャートが特定の形になったら」で決めます。たとえば、カラ売りの場合、「直近の高値を上抜けたらロスカットする」というように決めるわけです。

チャートの知識がないとロスカットのタイミングが決められないので、初心者向けではありません。

4. 株価指標で決める

これは、「株価指標の数値がいくらになったら」で決めます。たとえば、「(デイトレードで)日経平均株価がプラスになったらロスカットする」というように決めるわけです。

これも、知識がないとロスカットのタイミングが決められないので、初心者向けではありません。

以上を参考にして、ロスカットのタイミングを決めましょう。

初心者なら、「1」もしくは「2」がいいと思います。

3 ▼ 直近の高値を超えたらロスカット

カラ売りの場合、直近の高値を超えたら（更新したら）、ロスカットとして買い戻すべきです。直近高値を超えるということは、「まだ上昇が続いている」ということ。さらに、株価が上昇する確率が高いといえます。当然、さらに上昇すれば、含み損が拡大します。そうなる前に、見切りをつけるわけです。勢いよく上昇している局面でカラ売りをする、逆張りのトレードでないかぎり、高値を超えたら、ロスカットしましょう。

実例を使って説明しましょう。次ページのチャートは、日立ハイテクノロジーズ（東証1部８０３６）の5分足と日足です。

ギャップダウンをして25日移動平均線を割っているので、陽線による反発の後に陰線が出たらカラ売りです。この例ではAのところでカラ売りします。売値は４０７５円。

しかし、株価はカラ売りした直後から上昇。こういったこともあります。

Bの直近高値を超えたところでロスカットします。Bは４０９０円。売値からわずかな値幅ですが、「反発を抑えられて下落する」というイメージと違った値動きになってしまったので、ロスカットするべきです。

高値を超えたらロスカット

日立ハイテクノロジーズ（東証1部8036）5分足チャート

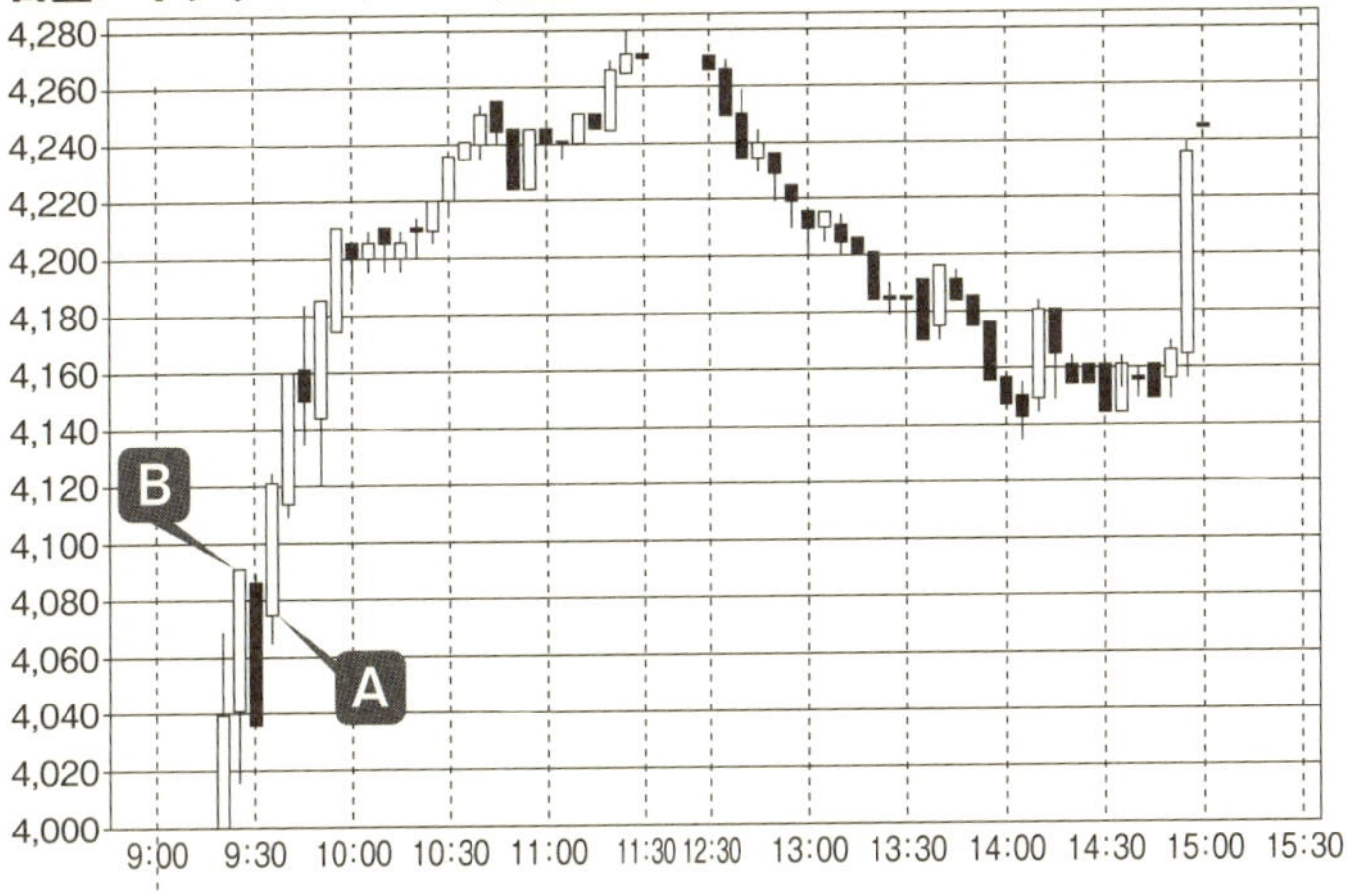

日立ハイテクノロジーズ（東証1部8036）日足チャート

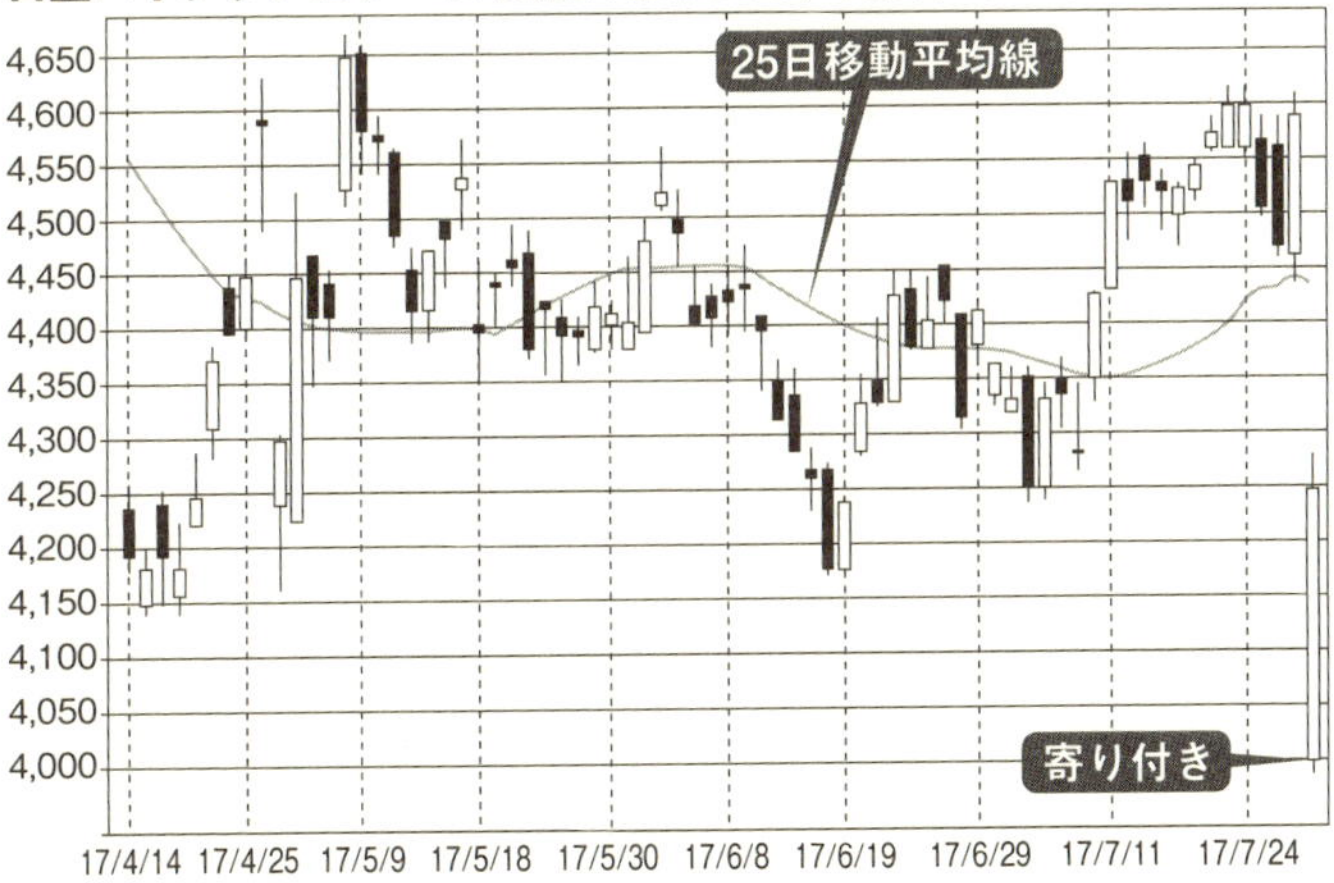

4 ストップ高になる前に買い戻す

ストップ高になる前にも買い戻しましょう。

なぜなら、ストップ高になると、その日はもう買い戻せない確率が高くなるからです。そして、翌日ギャップアップで始まる確率が高くなります。寄り付くまで買い気配（値段が付かない）で推移（値上がり）していくため、買い戻すことができません。始値がかなり高くなり、大きな損失が出てしまうこともあります。

一つ例を挙げておきます。次ページ上段のチャートは芦森工業（東証1部３５２６）の5分足です。ほぼ継続して上昇しています。「もうそろそろ下がるだろう」と安易に考えてカラ売りすると危険です。後場はストップ高になってしまいました。

翌日は、前日の終値に対して32円高で寄り付き。この寄り付きまでの間は取引が成立していないので、ロスカットしたくてもできません。ロスカットできるのは寄り付きの時点。もし、前日に1万株もカラ売りしていたら、寄り付きの時点で含み損が前日よりも32万円も増えてしまいます。このように、ストップ高になってしまうと翌日、さらに含み損が増えてしまう可能性が高いので、ストップ高になる前に買い戻しましょう。

ストップ高によるリスクを回避する

芦森工業（東証1部3526）5分足チャート（当日）

芦森工業（東証1部3526）5分足チャート（翌日）

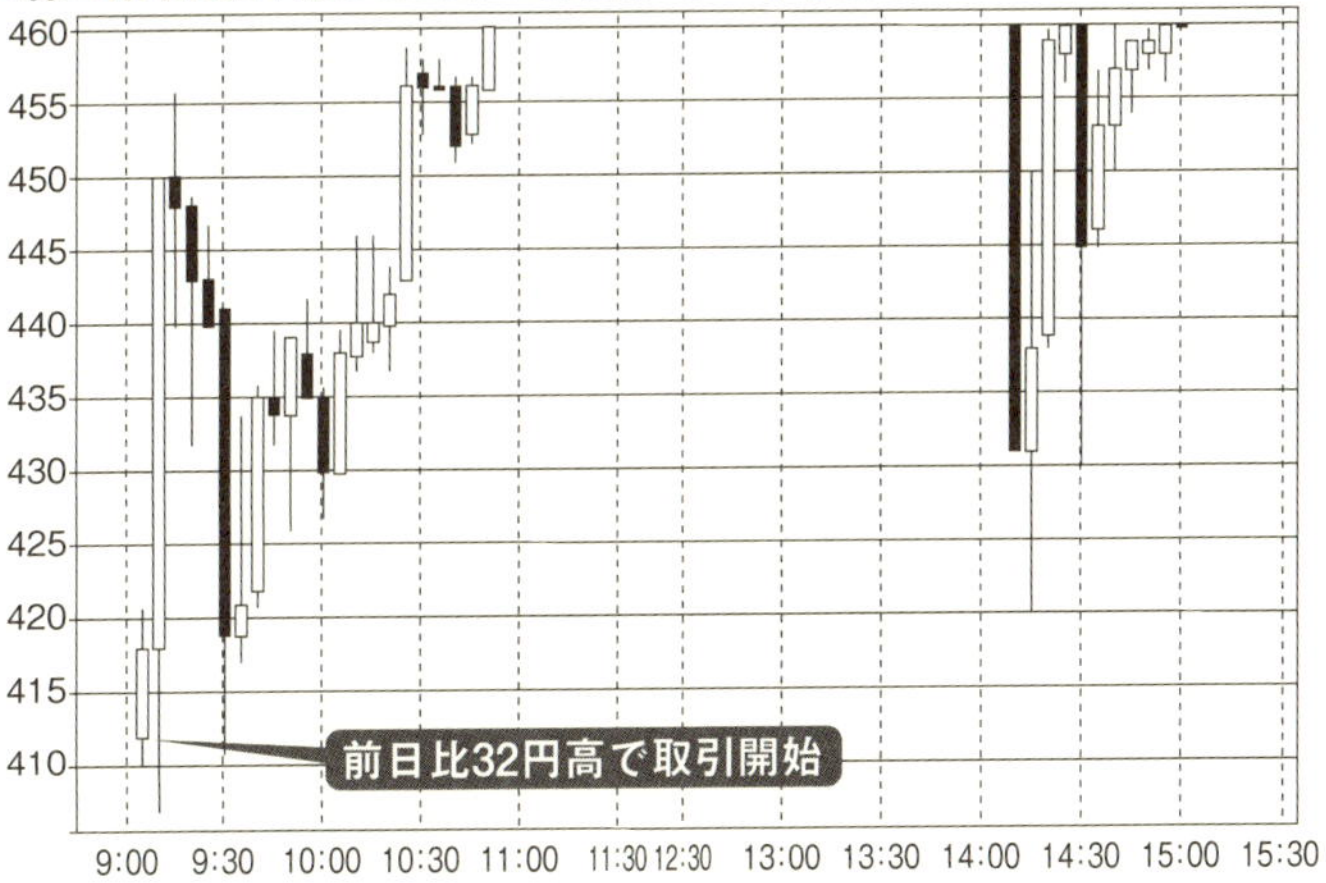

5 含み損が出ているときにしてはいけないこと

含み損が出ているときには、トレードのスパンを変えるのはやめるべきです。

たとえば、デイトレードのつもりでカラ売りしたが、株価が上がって含み損が出たのでスイングトレードに変更した。スイングトレードのつもりでカラ売りしたが、含み損が出たので短期トレードに変更した。

これは、ロスカットをしたくないので、トレードのスパンを変えているわけです。

これで運よく含み損がなくなることもありますが、含み損が拡大してしまうこともよくあります。

このようなことは負け組トレーダーがよくすることです。

勝ち組トレーダーになりたければ、絶対にしないことです。とくに、デイトレーダーの場合、スイングトレードにスパンを変更してしまうと資金が拘束されてしまうので、資金効率が悪くなってしまいます。絶対にやめましょう。

含み益が出ている場合はトレードのスパンを変えてもよい

では、トレードのスパンは絶対に変えてはいけないのでしょうか。

そのようなことはありません。著者はときどき変えます。しかし、含み損が出ているときではなく、逆に含み益が出ているときです。

デイトレードのつもりでカラ売りしたが、あっさりと含み益が出た。しかも、チャートがいい形になったので、スイングトレードに変更した。このように変更します。

これは、「利を伸ばす」のが目的です。「損を減らす」のとは違います。スパンを長くして、より大きな利益を狙うわけです。

どちらかといえば、「買い」のときに多いです。買った株がストップ高まで上昇したら、ほとんどの場合、少しだけ売って、残りは翌日以降に持ち越します。

ストップ高になると、翌日の寄り付きは高くなる確率が高いので、持ち越したほうがよいわけです。

このように、含み益が出ている場合はトレードのスパンは変えてもかまいません。

6 利食いのタイミングは難しい

「利食いのタイミングを教えてください」

このようなことを聞かれることがあります。編集者にも、「本の中で利食いのタイミングを説明してください」と何度かいわれたことがありました。

本の中では、買い（エントリー）やカラ売りのタイミングとロスカットのタイミングは書いています。

しかし、利食いのタイミングについては、あまり書いていません。

なぜなら、難しいからです。とにかく、難しい。

買いやカラ売りのタイミングは、自分の中で、「ここ」というのがあります。

ロスカットのタイミングもだいたい決まっており、実際のトレードでは含み損が少し出たらほぼ反射的にロスカットの注文を出せるようになっています。ロスカットのタイミングであまり迷うことがないわけです。

しかし、利食いのタイミングは、ほとんど決まっていません。かれこれ18年、トレードで生計を立てていますが、未だに「ここ」と見極められず、迷うことがよくあります。

利食いしておいたほうがいいタイミング

それでも、過去の経験から「ここは利食いしておいたほうがいい」というのはあります。カラ売りでいえば、以下の四つです。

1. 長い陰線が出たとき
2. 長い下ヒゲが出たとき
3. 最安値の近く
4. 移動平均線の近く

長い陰線が出たときは反発しやすくなるので、利食いしておいたほうがいいでしょう。

長い陰線が出たということは、短期間（または短時間）で大きく下落したということ。カラ売りをしている場合は、一気に含み益が大きくなるはずです。利食いのチャンスといえます。ここは逃さず利食いするべきです。

長い下ヒゲが出たときは反発しやすくなるので、利食いしておいたほうがいいでしょう。

下ヒゲは、「買い」が強くなったことを表しています。ヒゲは長いほど反発の力が強いので、長い下ヒゲが出たら利食いするべきです。

最安値の近くも反発しやすくなるので、利食いしておいたほうがいいでしょう。

ただ、最安値を割り込んでしまえば、さらに大きく下がる確率が高くなります。なにしろ、「下値目処」がなくなるわけですから。

そのため、売り建ての半分くらいの株を利食いし、残りで大きな利益を狙いにいくことが多いです。

移動平均線の近くも反発しやすくなるので、利食いしておいたほうがいいでしょう。株価の下にある移動平均線は「支持線」になるので、株価を下支えすることになります。当然、カラ売りにとっては不利な状況になるわけです。

ただ、これも最安値と同様に、割り込んでしまえば、さらに大きく下がる確率が高くなります。株価の上にある移動平均線は「抵抗線」になるので、株価を上押さえすることになります。カラ売りにとっては有利な状況になるわけです。

これも、売り建ての半分くらいの株を利食いし、残りで大きな利益を狙いにいくことが多いです。

9章

トレードを上達させる方法

1 チャートをたくさん見ること

この章では、トレードを上達させる方法を紹介したいと思います。

トレードを上達させる方法はいくつかあるのですが、最も効果が高いのは「チャートをたくさん見ること」です。

多くの銘柄のチャートを見ること

同じチャートを何度も繰り返し見ること

● よく使っている時間軸のチャートを中心に見る

著者は、この方法でトレードを上達させました。ですから、自信を持ってお勧めできます。

チャートはよく使っている時間軸を中心に見ていきましょう。デイトレードなら、分足（1分足）、5分足、日足など。スイングトレードなら、日足、週足など。

チャートはネット証券に口座を開設していれば無料で見ることができます。はじめはそれで十分です。稼げるようになったら、分足や5分足はプリントアウトしたり、日足や週足は週刊のチャート誌を購入して見るようにしましょう。

● 値動きの大きい銘柄

数多くの銘柄のチャートを見るといっても、市場の全銘柄を見る必要はありません。見るのは、値動きの大きい銘柄が中心です。

騰落率ランキング（値上がり率ランキングや値下がり率ランキング）にランクインした銘柄を中心に見ていけばよいでしょう。値動きの小さな銘柄のチャートを見ても、得られるものが少ないので、その分の時間で別なことを勉強したほうがいいでしょう。

●同じチャートを何回も見る

同じチャートを何回も見るとトレードが上達します。

何回も見ることで、株価の習性や値動きのクセを理解することも多いです。

1回よりも2回、2回よりも3回、というように、繰り返し見ましょう。

著者は、5分足をプリントアウトし、時間があるときに同じチャートを何回も見ました。そうすることで、デイトレードの手法をつくることができ、稼げるようになりました。

●複数の時間軸のチャートを見る

複数の時間軸のチャートを見ることも重要です。これは、同じ銘柄の日足と週足というように、複数の時間軸のチャートを見るということです。

たとえば、「5分足で大きく動いた場合、それは日足のどの位置なのか」「週足で大きく動いたとき、日足はどのような動きをしていたのか」というように見ていきます。

2 ▼チャートの見方

チャートをたくさん見る重要性は理解したが、どのように見ればよいのかわからない。という方も多いことでしょう。とくに、初心者の方はチャートのどこをどのように見ればよいのかわからないと思います。

チャート見るときのポイントは、そのチャートによって異なります。なぜなら、チャートごとにローソク足の並びの形がちがうからです。

基本的には、以下のところをポイントに見ていきます。

- **上昇しはじめ**
- **下落しはじめ**
- **最高値近辺（天井）**
- **最安値近辺（底）**
- **押し**
- **戻り**
- **移動平均線との位置関係（移動平均線を使っている場合）**

チャートの見方《実践編》

では、実際のチャート使って、チャートの見方を説明していきます（１８５ページのチャート参照）。

❶左端から見ていく

基本的には、まず、左端から見ていきます。

「最高値の形だけをチェックしたい」「下落しはじめの形だけをチェックしたい」などの見たいポイントがないかぎり、左端から見ていきましょう。

このとき、株価もチェックし、いくらからはじまっているのかを頭の中に入れておきます。

❷上昇しはじめの形を見る

ここからは、株価が大きく動いたところを見ていきます。

このチャートでは、「２」のところで上昇しはじめています。この形をよく見て、頭の中にいれておきます。

❸押しの形を見る

次に、「３」のところで「押しの形」をよく見ておきます。

❹押しから反発する

次に、「4」のところで「押しから反発する形」をよく見ておきます。

❺ 最高値近辺（天井）の形を見る

次に、「5」のところで「最高値近辺」をよく見ておきます。

最高値近辺は重要なポイントです。形をよく見て、頭の中に入れておきます。

❻ 最高値から下落しはじめの形を見る

次に、「6」のところで「最高値から下落しはじめの形」をよく見ておきます。

「5」と「6」を合わせて、過去に同じような形のチャートがなかったか思い出してみましょう。そして、「5」と「6」の形を覚えておきます。

❼ 最初の戻りの形を見る

次に、「7」のところで「最初の戻りの形」をよく見ておきます。

❽ 最初の戻りから下落するときの形を見る

次に、「8」のところで「最初の戻りから下落するときの形」をよく見ておきます。

❾ 右端まで見ていく

最後に右端まで見ていきましょう。

これで、このチャートのチェックは終わりです。

時間があれば、「1」から「9」を何回か繰り返しましょう。

実例解説

チャートの見方

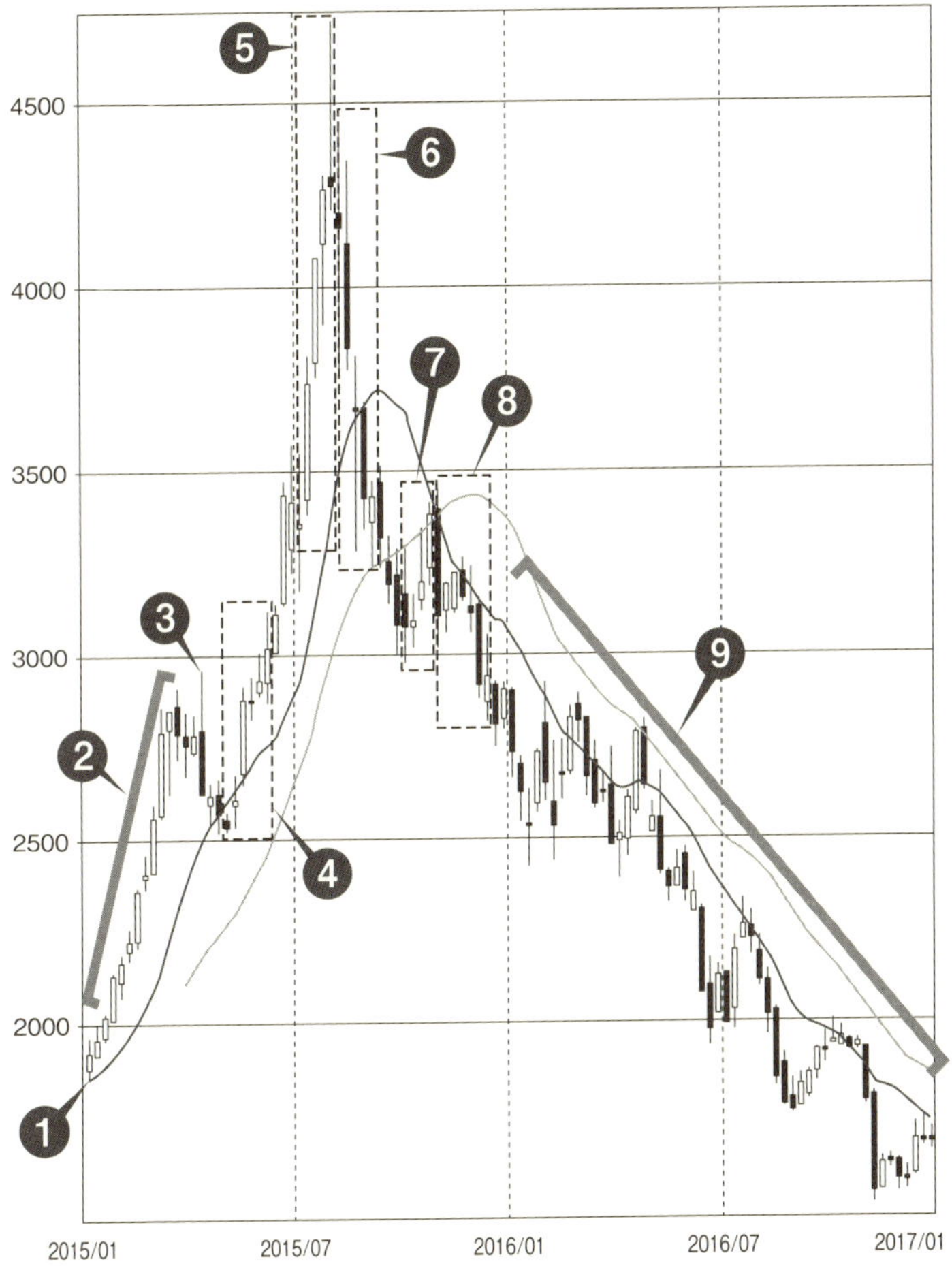

3 ▼ 似たような形を見つけていく

チャートを見るとき、ただ漠然と見ていても、トレードは上達しません。ただ単に、１８３〜１８４ページの「１」から「９」のような作業を繰り返していけばよいというわけではないのです。「似たような形を見つける」ということを意識することが大切です。

数多くのチャートを見ていくと、あることに気付くことがあります。

「この形、あの銘柄の形と似ているな」「これと同じような形をよく見る」

たとえば、１８５ページの「５」ですが、これは長い陽線と長めの上ヒゲがある陰線。この形（組み合わせ）は最高値近辺でよく見られます。株価の天井によく現れるチャートパターンなのです。

チャートをたくさん見て、こういったことに気付けば、トレードが上達します。また、気付いたことを基に手法を作ることができるわけです。

チャート誌を見るときのポイント

チャートをたくさん見るときには、チャート誌が便利です。

チャート誌といえば、『ゴールデンチャート』（ゴールデン・チャート社）が有名です。「一度も見たことがない」という方は、１冊購入してみるといいでしょう。トレードで生計を立てていなければ、毎週、購入する必要はないでしょう。３カ月ごとに１冊購入、半年ごとに１冊購入でもかまわないと思います。

チャート誌を見るときのポイントは以下の通りです。

1. 大きく動いた銘柄だけ１８３〜１８４ページの「１」から「９」の流れで見ていく

2. 全銘柄の最高値近辺を見ていく

3. 全銘柄の下降トレンドのところを見ていく

１８３〜１８４ページの「１」から「９」の流れで全銘柄のチャートを見るには、かなりの時間が必要です。大きく動いた銘柄だけでよいでしょう。

「２」の「全銘柄の最高値近辺を見ていく」というのは、カラ売りトレードを上達させるのに、とても重要です。このときは、「(ローソク足の組み合わせで) 似たような形がないか」を意識してください。意識しないと、あまり意味がありません。

「３」のときも「似たような形がないか」を意識してください。また、株価（ローソク足）と移動平均線との位置関係にも注意すると、何か気づくことがあるでしょう。

おわりに

これで終わりです。

本書を読み終えて、「これで、明日から株価の下落は歓迎」というわけにはいかないことでしょう。

それでも、カラ売りのスキルは上がったはずです。

あなたがこの先、やるべきことは以下の二つです。

- **本書で紹介した手法の精度を高める**
- **本書で紹介した手法を参考にし、新しい手法を作る**

まずは、本書で紹介した手法の精度を高めてみましょう。

ヒントは、「フィルター」。なにか、フィルターを使って、銘柄やタイミングを絞り込みます。より勝率が高い状況を見極めるのです。

そして、次にやるべきことは、本書で紹介した手法を参考にし、新しい手法を作ることです。カラ売りの手法でも、買いの手法でもいいでしょう。また、デイトレードの手法でも、スイングトレードの手法でもいいです。

手法は多いほうがいいでしょう。そのほうが、継続的に利益を出せます。現在の相場状況を見極め、数ある手法の中から最も利益を出せる手法を使います。

この二つができれば、相場で儲けるのはけっして難しいことではありません。著者のように、毎取引日、淡々とトレードを繰り返すだけで、利益を積み上げていくことができます。

そう簡単にはできないかもしれませんが、挑戦する価値はあるでしょう。

なにしろ、これができるようになれば、一生、株で食っていけるからです。

常勝トレーダーを目指してがんばってください。

〈著者略歴〉

二階堂 重人（にかいどう・しげと）

◎── 1959年、埼玉県生まれ。専業トレーダー。

◎── テクニカル分析を駆使したデイトレードやスイングトレードが中心。株、FXの双方で驚異の勝率を叩き出している。

◎── 主な著書に、『小心者こそ儲かる7日間株トレード入門』『東京オリンピックまでに株で1億円儲ける！』（ビジネス社）、『二階堂重人の常勝トレード黄金ルール』（実業之日本社）、『「急騰低位株」で1億儲ける！』『世界一わかりやすい！FXチャート実践帳 スキャルピング編』『世界一わかりやすい！FXチャート実践帳 トレンドライン編』（あさ出版）、『最新版 これから始める株デイトレード』（日本文芸社）、『サラリーマンが株で稼ぐ一番いい方法』（三笠書房・知的生きかた文庫）、『デイトレードで毎日を給料日にする！』『FX常勝のトレードテクニック』『FX常勝の平均足トレード』『FX常勝の平均足ブレイクトレード』『FXトレードレッスン【厳選35問】』（小社刊）などがある。

編集 ―野口英明
DTP制作 ―エムアンドケイ

株トレード カラ売りのルール

2017年 10月28日 第1刷発行
2019年 7月24日 第4刷発行

著　者──二階堂 重人
発行者──徳留 慶太郎
発行所──株式会社すばる舎
〒170-0013 東京都豊島区東池袋3-9-7 東池袋織本ビル
TEL 03-3981-8651（代表） 03-3981-0767（営業部）
振替 00140-7-116563
URL http://www.subarusya.jp/
装　丁──菊池 祐（ライラック）
印　刷──図書印刷株式会社

落丁・乱丁本はお取り替えいたします

ISBN978-4-7991-0636-5